JN116873

対人関係の
不安を消す

こころを軽くする言葉

アルフレッド・アドラー
長谷川早苗 訳 星野響 構成

興陽館

はじめに

人と会うのに気が重い。
職場や学校の人間関係が煩わしい。苦手な人やいやな人が周りにいる。
過去の人間関係で心に傷を負っている。
あなたにはそんなときはありませんか。
心の悩みの大半は対人関係によるものです。
人づき合いに悩んで気分が落ち込む、ということも多いのではないでしょうか。

アドラー心理学は、対人関係の心理学です。
アルフレッド・アドラーは、悩みのほとんどは対人関係であり、すべての対人関係の悩みは人間を知ることで克服できると言います。

アルフレッド・アドラー（1870〜1937年）は、オーストリア生まれの精神科医であり、心理学者です。彼はジークムント・フロイトやカール・グスタフ・ユングと並んで現代心理学の基礎を築いたうちの一人です。

ここ数年は、アドラーブームとも呼べる現象が巻き起こっており、アドラーに関する本が多数出版され、フロイトやユングを上回るほどの著名人になっています。

アドラーは、精神科医として多くの神経症患者のカウンセリングを行い、「個人心理学（アドラー心理学）」を創設しました。

アドラーは、「人のパーソナリティーには一貫性がある」、「心と体、意識と無意識、感情と思考などと分割して考えることはしない」と言います。

個人を全体として捉え、その人の「ライフスタイル」つまり個人の立ち居ふるまい、態度、気持ち、考え方などが、その目標を達成するためにどんな手段を用いているかということで、その人の生き方が決まると言います。例えば「自分の劣等感」をどのように生かすかで「自分の人生」を選んでいるのです。

「自分」がわかれば、多くの悩みや問題は解決できる、とアドラーは説きます。

アドラーの心理学はポジティブで前向きです。

それは、アドラーが原因論ではなく目的論をとっているからだと言えます。人の生き方は遺伝や過去のトラウマによって縛られるのではなく、自分が選択した目的によって自分自身で切り開いていくものだと考えているのです。

人は社会的動物であり、人と人が協力して、お互い手を取り合っていけば、心の問題も解決できるのです。

大切なのは自分の可能性を信じることであり、自分の周りにいる人々とつながり、進むことです。人生は自分がどう行動するかで変わるものだとアドラーは主張します。「人間を知る」ことで人間関係は克服できるのです。

本書は、これまでのアドラーの代表的な著作『生きる意味』『なぜ心は病むのか』『性格の法則』『人間の本性』（小社刊）からそのエッセンスを抜粋して、構成しました。アドラーの言葉と、それをわかりやすく伝えるフレーズで構成されています。

どんな対人関係の悩みも克服するアルフレッド・アドラーの言葉は、あなたの心を軽くし、「自分は変われる」ということに気づかせてくれるはずです。

編集部より

対人関係の不安を消す　こころを軽くする言葉　目次

1章

自分に悩まない

本当の自分を知れば、不安や緊張は消える。

1 人間関係の問題はない

人間を知ることで、
人間関係の問題は消えていく。

もし人々が人間を知っているかどうかを調べてみれば、たいていは知らないことがわかります。わたしたちはみんなあまり人間のことをよくわかっていないのです。これはわたしたちの孤立した生活に関係しています。

現代ほど人が孤立して生きている時代はないでしょう。子どものときからすでにわたしたちはお互いにあまりつながりをもっていません。家庭はわたしたちを孤立させています。わたしたちの全体的な生き方を見ても、周囲の人と親しい関係を作るのは難しいことですが、他者との関係は人間を知る能力を伸ばすのに絶対に必要なものです。人間を知ることとほかの人とつながることは、互いに関係しています。理解が足りないせいで長らく他者と離れていると、ふたたび関係を築くことができなくなるからです。

2

心の法則はない

人間は自分で法則を作り、
自分自身をそれに従わせている。
心の法則は、もともと存在しない。

精神には石の落下のような自然法則などありません。ぼんやりと浮かぶ目標は定まったものではなく、変わることもあるからです。ところが、人がなにか目標を思い浮かべると、まるで従わなければならない自然法則が働いているかのように、精神は強制的に動かされます。これは精神生活に自然法則があるということではなく、人間が自分で法則を作っているということです。

自分で作った法則を自然法則のように思っているのなら、それは認識をごまかしていることになります。法則は変わらない決まったものだと証明しようとするとき、人は自分でそのように事態を仕向けます。たとえば、ぼんやりと浮かぶ像に従おうとする人には、具体的にその目標に向かう人と同じふるまいが見られます。まるで自然法則があるかのように、目標を実現する手順が徹底的に一貫してとられるでしょう。けれど、本当にその像を形にする必要があるのでしょうか？

要するに、自然の運動と、人間の精神生活における動きには違いがあるのです。

3
不安の鎮め方

3つの人生の課題に、
ただ自分なりに
正面から取り組めばいい。
そうすれば無用な不安に
襲われることもなくなる。

個人と世界は3つの要素で関係しています。社会、仕事、愛の課題にはっきりと答えずにすむ人はいません。

他者と親しくつきあい、信念と勇気をもって役に立つ仕事を追求し、優れた共同体感覚に従って愛と性を整えられる人は、神経症になることを免れます。

しかし、人生からの3つの避けられない要求のどれか1つにでも対応できなければ、転落したと感じて神経症になる可能性に注意しましょう。

4 性格は変えられる

自分の性格は変えられる。
性格とは、その人がひそかにもつ
目標から生まれた、
ただの〝動きのライン〟だ。

猛烈に力を求めて周囲と戦ってばかりいる人は、野心、ねたみ、不信など、戦いに必要と思われる性格を育てます。

わたしたちはこうした性格を、生まれつき人と一体になっていて変えられないと思いますが、よく観察すると、単に動きのラインに必要だから身につけているのだとわかります。性格は中心的な要素ではなく副次的な要素で、人のひそかな目標から生まれるため、目的論的に観察しなければならないのです。

人間の生き方、行動、視点は、目標の設定と必ず結びついています。なにかの目標もなく考えたり実行したりすることはありません。目標は子どもの精神のぼんやりした輪郭のなかに早くからただよい、精神の全体的な成長に方向を与えています。子どもの精神を導く力、形作る力であり、個人の一貫性や周囲と異なる人格を示す要素でもあります。なぜなら、個人が見せる動きや表現は、すべて1つの共通した点に向けられているからです。

だからわたしたちは、人がラインのどこにいようともその人がどういう人物かがわかるのです。

5
人は変われる

甘やかされた精神からは、
勇気など生まれない。
しかしそんな臆病な人でも、
成功することがある。
それは失敗を真正面から
見つめたときだ。

健全な精神の子どもは、勇気、つねに通用する理性、積極的な適応力を育てていきます。対して甘やかされた子どもは、勇気などの要素はほとんどなく、臆病で、ごまかすという技を使います。また、進む道がひどく限られているので、いつも同じ間違いを犯すように見えます。横暴な子どもはずっと横暴にふるまいますし、手癖がわるければずっと手癖がわるいままです。

彼らはたいてい満足しないまま、他者の成功を猛烈にうらやみ、自分を奮い立たせることはありません。負けたり、自分の価値のなさが知られたりするのをとても恐れます。人生の課題から後退する様子もよく見られ、その言い訳は次々に出てきます。

とはいえ、甘やかされた人物の多くが、人生で成功を得ることも見逃してはいけません。成功できるのは、事態を克服し、失敗から学んできた人です。甘やかされた人物の治療や更生には、精神を磨きつつ、失敗はライフスタイルから生まれたとわからせていくしかありません。

6
楽観的であれ

楽観的な人は、
どんなときも自分を信じて
困難に立ち向かう。
難しい状況でも間違いは
とり戻せると信じている。

楽観タイプは、全体的にまっすぐな方向で性格をはぐくみます。あらゆる困難に勇敢に立ち向かい、深刻にとらえません。自分を信じる思いを失わず、生きやすいポジションを比較的容易に見つけていきます。自らをきちんと評価し、我慢させられている感覚もないので、多くを求めすぎることはありません。そのため、ことあるごとに自分を弱くて不十分だと思う人よりも人生の困難に耐えることができます。かなり難しい状況でも、間違いはとり返せると強く信じて落ち着いていられます。

楽観タイプは外面的な様子からも見わけることができます。恐れず、心を開いて屈託なく他者と話し、遠慮しすぎたりしません。イメージしやすいように言えば、腕を広げて他者を受け入れようとしているのです。

すぐ人を疑ったりしないので、容易に人とつながり、友人になります。話し方はなめらかで、態度や歩き方はのびやかです。

7
なぜ眠れない

悲観的な人は、
人生の暗い面ばかりに目を向けて、
不安感に包まれることが多い。
臆病で、動きが遅く、
用心深く計算する。

悲観タイプは、子どものころに受けた印象や体験のせいで劣等感をかかえていて、さまざまな困難から人生は楽なものではないと感じやすくなっています。不適切な扱いをされて、ひとたび悲観的な世界観をもつと、人生の暗い面ばかりに目を向けます。楽観タイプよりもずっと人生の困難を意識していて、すぐに勇気を失います。不安感に包まれていることが多く、支えを求めます。

これは外面的なところにも現れ、たとえば子どもが母親に寄りかかったり、母親を呼んだりする様子に、支えがないと立てないことが示されます。この母親を求めて呼ぶ様子は成長してからも見られることがあります。

このタイプがとても用心深いことは態度を見ればわかります。つねに危険を感じとるので、たいていは引っ込み思案で、臆病で、動きが遅く、用心深く計算するようになります。寝つきもわるいです。睡眠というのはそもそも人間の成長を測るのに適したものさしです。

睡眠障害は、その人がかなり用心深くて安心できないことを表しています。まるで人生という戦いから自分をうまく守るために、つねに警戒しているような状態です。

8

人と人との違い

2つのパワーゲームが
現れたものが「性格」だ。
相手の性格を知りたいなら、
その2つを見ていけばよい。

人の性格というのは、道徳的な判断をするための基盤ではなく、人が環境に対してどのように動き、どのようにつながるかという社会的な認識なのです。

こう考えていった先には、人間らしい2つの現象がありました。1つは、だれにでも共同体感覚が見られるということです。

共同体感覚は人間同士を結びつけ、文化という偉大な業績を生んできました。精神生活の現象を測るものさしであり、そこから有効な共同体感覚の成長度を確かめることができるのです。人が他者とどうつながっているか、他者と生きる感覚をどう示して生き生きと豊かに実らせているかがわかれば、人の精神についてくっきりと鮮やかな印象が得られます。

最後にわたしたちは、共同体感覚にもっとも敵対的に働きかけるのは、力や優越の追求だということを確かめました（これが性格を判断する2つ目のものさしです）。

この2つの手がかりをよりどころにすることで、人と人との違いは共同体感覚の成長度と力の追求によって決まることが理解できました。

2つの要素は互いに影響しあいます。

このパワーゲームが表面に現れた形が、わたしたちが性格と呼ぶものです。

9

他者と折りあえない

自分を実際以上に
大きく見せようとするから
周りとうまくなじめない。
高い自己評価など
現実にとっては関係ない。

わたしたちの現在の社会的な環境では、虚栄心を完全に断ち切ることはできません。この事実を知っておくだけでもメリットがあります。なぜならこれは、わたしたちの文化の最大の急所をついてもいるからです。現在は、多くの人が退廃し、一生ずっと不幸なまま、災厄が生じるところにばかり集まるようになってしまっています。

他者と折りあえず、人生にはなじめません。それは、本来とは別の課題をかかえているから、つまり自分を実際以上に見せようとしているからです。

そのためすぐに現実と衝突します。人が勝手にもつ高い自己評価など、現実にとっては関係ないのです。こうした人は自分の虚栄心にひたすら翻弄されます。虚栄心を満たそうとする拙い試みこそ、人類のあらゆる錯綜のなかでもっとも大きい要素だと見なすべきでしょう。

複雑な人格を理解しようとするときに大事なのは、虚栄心がどのくらいあるか、どの方向に進んでいるか、その際にどのような手段を使っているかを確かめることです。

虚栄心と共同体感覚は相反するものです。共同体の原理に虚栄心が従うことはないのです。

10

3つの距離のとり方

わたしとあなたは、つながりを作れているか。

わたしたちがまとめあげた見解を使うと、人の態度をしっかりと判断し、人生の3つの大きな課題の解決からどれだけ距離をとっているかが測れます。

この課題の1つは、社会の課題です。わたしとあなたの関係であり、おおよそ正しい形で自分と他者とのつながりを作れているのかどうかということです。

もう1つの人生の課題は仕事の課題で、あとの1つは性や愛や結婚の課題です。

3つの課題の解決がどれほどうまくいっていないか、解決に対してどのくらい距離をとっているかで、その人の個性や人格を推論できます。また、こうした現象から、人間を知るためのなにかを得ることができます。

11

人は笑い方でわかる

笑い方を見れば、その人がわかる。
いつでも他人を助け、
喜ばせる準備ができている人は、
ほがらかな、人の心を
つなぐような笑い方をする。

共同体感覚の成長度は、他者を助け、支援し、喜ばせる準備がどのくらいできているかを調べていけば容易に測れます。

この喜ばせる能力は外見にも現れるので、人にかなりのメリットをもたらします。こうした人はすぐに人に近づきますし、純粋な感情としてわたしたちも彼らのことを好感のもてる人だと思います。まったく直感的に、彼らの特徴を共同体感覚の現れとして感じるのです。こうした人はほがらかな性格で、重苦しく不安そうに歩いたりも、自分の心配ごとで他者をわずらわせたりもしません。

人といるときにはほがらかさを発揮し、人生を美しくて生きる価値のあるものにします。彼らの善良さは、行動、人への近づき方、話し方、他者の利益を認めて力になる様子だけでなく、外見的な全体の様子、表情、身ぶり、喜びの感情、笑い方にも感じられます。

人間の心理を深く見つめるドストエフスキーは、時間のかかる心理学の検査より、笑い方を見ればその人がよくわかると語っています。笑いには人をつなぐニュアンスもあれば、他者の不幸を喜ぶ気持ちのような敵対的で攻撃的なトーンもあるからです。

12

劣等感の見抜き方

怒り、悲しみ、喜びなどにも
やはり劣等感は隠れている。
心の動きには必ず
目標と方向性がある。

感情のなかでも急激に引き起こされる怒り、悲しみ、喜びなどの情動（エモーション）は、わたしたちが性格の特徴と呼んでいる現象が強まったものです。

心が一時的に動き、自分で気づくことも気づかないこともある強い力に押されて、爆発したように現れます。性格の特徴と同じように目標と方向をもっています。

説明できない謎めいた現象ではなく、意味のあるところ、人の生き方や人生のラインに合ったところに必ず現れるのです。情動も、状況を有利に変えるために変化を起こすことを目標にしています。情動で精神の動きを強化するのは、自分を押しとおすほかの選択肢をあきらめた人、もう少しよく言えば、押しとおすほかの選択肢があることを信じない人、信じられなくなった人です。

ですから、情動の一面にはやはり劣等感、不足感があります。

13
うわべに惑わされない

相手とうまくつきあえないのは、
互いのことをよく知らないからだ。
表面的なことにとらわれて、
相手の本性を見ていない。

理解の不足で起こるもっとも深刻な結果は、周囲の人とつきあい、ともに生きていくことにたいてい失敗してしまうという事態です。人がお互いをよく知らずにいるために、ふれあわず、対話せず、手をとりあわないというのは、よく見られる厳しい事実です。これは社会の広い範囲だけでなく、ごく近い家族の関係でも起こります。

子どものことがわからないと親が訴えたり、親に理解してもらえないと子どもが嘆いたりすることはよくあります。けれど、人が共生するためには、お互いを理解することが絶対に欠かせません。人に対するわたしたちの態度はすべて相手への理解に左右されるのです。人間がどういうものかもっとわかれば、共生を妨げるようなスタイルがなくなり、もっとずっとよく共存できるようになるでしょう。いま共生が妨げられているのは、ただ単にわたしたちがお互いを知らず、表面的なことにだまされて他者のうわべに惑わされているからなのです。

14

子ども時代からわかる

精神は大人になっても
変わらない。
人間は、3、4歳のころには、
大人になったときの
兆候が現れている。

具体化や言語化といった、精神の現象の外面的な部分の現れ方は変わるけれど、基本的な点や目標、活力といった精神が目標へ向けて動く部分はすべて子どものときのままであることが驚くほど明らかに示されました。

たとえば、患者が不安になりがちな性格で、つねに不信に満ち、人と距離をおこうとする場合、3、4歳のころにはもう同じ精神の動きを身につけていたことが容易に証明されました。ただし、幼いころの動きは単純でより見抜きやすい形になります。ですから、わたしたちはいつもまず患者の子ども時代に注意を集中することを原則にしています。おかげで、子ども時代から多くのことを仮定し、たとえ言葉にされなくても知ることができるようになりました。

15

人間の本性とは

人が見せるうわべの性格だけを
見てはいけない。
その後ろに
その人の本性がある。

わたしたちが最初に気づいたのは、人間の内面を作るもっとも強い刺激は、ごく幼い子ども時代のものであるということです。この認識自体はたいして奇抜なものではありません。似たような考えは、どの時代の研究者にも見られます。わたしたちの発見で新しいのは、わかる範囲の子ども時代の体験、印象、態度を、成長してからの精神世界の現象と明確に結びつけようとしたことにあります。わたしたちはごく幼いころの体験とのちの状況や態度を比較しました。すると、非常に重要なことが判明しました。精神世界の個々の現象は、1つの完結した全体として見てはいけないのです。個々の現象が理解できたのは、分離できない全体の一部としてすべての現象を理解し、精神が動く方向性、生き方のパターン、ライフスタイルを解き明かし、子ども時代の態度と成長してからの態度がひそかに求める目標が同じであることを明らかにしたときだけでした。

つまり、精神の動きという点ではなんの変化も見られなかったのです。

16

型を見抜く

自分の〝型〟がわかれば、人は変化することができる。

もう1つの理解も利用します。それは、幼いときに身につけた型から逃れることは難しいという理解です。型から抜けだせた人間はごくわずかしかいません。たとえ、成長してからの精神が別の状況で別の現れ方をして、違う印象を与えてもです。これは生き方のパターンが変化したことを示しているわけではありません。精神は同じ土台に落ち着いたままで、同じ動きの流れを示し、子ども時代にも大きくなってからも同じ目標が読みとれるのです。

人を変化させようとするときは、無数の体験や印象を上から切り崩すのではなく、まず型を見つける必要があると気づいたからです。型がわかれば、患者の独自性、そして特異な症状が理解できるのです。

17

劣等感を利用する

劣等感はわるいものではない。
だれでももっている。
それを認めて人生のプラスに
すればいいだけだ。

あらゆる神経症の問題は、現実からの要求をゆがめて否定するような行動、思考、認知のスタイルを患者がかたくなに守ることのなかにあります。

個人の優越という目標は神経症に必ず見られる要素です。けれど、優越という目標はもともと、自分が劣っていると感じた経験から生まれ、決められたものなのです。

そうして、劣等感によって生じた結果や、劣等感を隠すのに役立ちそうな客観的にはささいなことばかりに目を向けるのです。

だれにでも多少の劣等感があり、それを埋め合わせるように優越という目標を追求していることがすぐにわかります。だれにでもある劣等感自体はわるいことではありません。

なぜなら、劣等感の意味や価値は、どう使うかに完全に左右されるからです。個人心理学におけるもっとも重要な発見は、劣等感は人生のプラスの側に向かい続ける刺激として使うことができるというものです。

18

敗北が怖い？

「もし……だったら」
とくりかえす人がいたら、
その人は大きな不安をかかえている。

「もし彼が既婚者でなかったら結婚していたのに」

「もし」という言葉は、多くの場合、神経症の舞台でくりかえし現れるフレーズです。「もし」はあらゆる神経症のジレンマの最後の頼りであり、唯一確かな逃げ道なのです。逃げたいという思いには、たった1つの理由しかありません。

つまり、敗北が怖いのです。これは、もっとも認めるのが難しい理由です。そのため、ここには、さまざまな形の不安が作りあげられる様子がよく見受けられます。患者は自分の不安を多様に解釈しますが、敗北が怖いのだとは決して考えないのです。広場恐怖症、不安神経症などのすべての恐怖症は、この敗北への不安から生まれます。

19

なぜ結婚しないのか

すべての人は優越を目標にする。

男はみんな不実で浮気すると彼女は語りました。そして強い口調で言いました。「結婚して2週間もしたら、相手はきっとわたしから離れていくわ。夫からだまされたり病気をうつされたりする可能性をずっと心配するなら、結婚のなにがいいのでしょう？」

この言葉は、彼女が逃げたいと思う動機を明らかにしています。さらにこうも言っています。「わたしは姉には及ばないということね。姉の夫は誠実だもの」。こうして女性の目標は変化します。

直接、姉を超えようとはしなくなり、その道はふさいで別の優越――人生のマイナスの側での優越を探します。あらゆる敗北を避けて、だれよりも高潔でいようとします。すべての人は優越を目標にします。しかし、勇気と自信を失った人の場合、目標は人生のプラスの側からマイナスの側へと押しやられます。

このような非現実の人生への逃避は、自覚のないまま行われます。敗北への不安が感情の準備を整え、その感情が行動を導き、不安を弱める状況を作りあげるのです。

20

立場にしがみつかない

自分の立場にこだわらない。

人が自分の立場を手放すまいとずっとあがいた先に生じるのが、わたしたちが精神障害と呼ぶものです。

この女性は社会（子どもたちとその配偶者）が十分な関心を示してくれないことに気分を害しています。

他者の人生に心からの興味をもつ共同体感覚を十分に育てていないのであれば、まさに難しいケースです。やはり優越という目標に引きつけられて、明確な目標もないまま優越を追求してしまうからです。しかし、女性は自分の弱さをうまく使えば、他者の気を引けることに気づきます。ひどく哀れな人物の役につけば、再び注目を集め、人生の舞台の女優になれるのです。彼女は自分を途方にくれた存在にして人格の崩壊を防ぎますが、他者に放っておかれてみじめになることは許さず、自ら過剰なうつ状態へ向かいます。

これは、他者の感情にいささかよくない権力をふるうやり方でもあります。神経症患者はプライドと野心のために、放っておかれたと感じているとは言わないので、じかに他者を非難できません。患者は非難をすべて自分に向けることで、絶望的な態度を合理化します。うつ病では、過剰に自分を責め、ときには他者を非難から解放すると示すように、実際に自殺してしまう患者が多くいます。

21
弱い性格の人

番人や番犬、銃をそばにおいて
安心するな。
あなたに必要なのは銃ではない。
弱い性格を隠さずに出すことだ。

どんな気分の変調の陰にも、そして気分の変調を操る行為の陰にも、本当の性格があります。この本当の性格は、気分のようには変わりません。たとえば、臆病な人は、自分より弱い相手には横柄だったり、立場が守られているときには勇気を見せたりしても、臆病であることには変わりありません。

番犬や銃、警官を周りにおいて不安がなさそうにしていても、わたしたちはだまされません。臆病な性格は、過剰な保護を求める様子に現れています。本当は高慢な人が、にこにこと物腰がやわらかいこともあるかもしれません。けれど、その人が自分より目下の人たちに囲まれていることにわたしたちは気づくのです。本当の性格を推測するには、その人が選んだ環境、自分に許した環境をしっかりと見なければなりません。

22

結婚を遅らせるのは

恋愛や結婚は、
互いに与えようとする
人だけができる。

支配するために自分よりも弱いパートナーを求める人であれば、きっとそのうち失望します。これは、相手からなにかを得ることを期待した態度だからです。

しかし、愛と結婚の不変のルールとは、与える姿勢があるときにだけうまくいくというものでしょう。愛と結婚に対する態度が、ためらい、迷い、期待であれば、社会生活に対して全体的に準備ができていないということです。また、人生の可能性の大部分を排除する傾向もあると言えます。このようなケースでは、人は決まって自分の行動を正当化しようとしますが、本当の目的は結果に現れます。人を愛して結婚することをずるずると遅らせるのです。

性的なつながりを排除する方法はいくつかあります。そのうちの1つは、あり得ないくらい極端な理想を結婚に抱くことです。明らかに適していない相手（ひどく年上の人、治らない病気の人、結婚が認められていない年齢の人）と結婚したがる場合もあります。もし患者がずっと結婚を先延ばしにして、一人に決められないなどと言う場合には、くわしく調べると性的倒錯の要素が見つかることが少なくありません。ただし、これが結婚を先延ばしにする動機だと誤解してはいけません。

ためらう態度と似たようなものだと見なすべきでしょう。

23

人間関係の不都合

人それぞれに生き方の〝型〟がある。
心の問題はこの型のゆがみから
生まれる。
それがわかれば、
人間関係の不都合は解決に向かう。

社会への関心や子どもへの愛情がない女性に出産を強制しても、意味があるとは思えません。

しかし、この愛の排除を個人の優越という目標に結びつけて考えたときに、診断も治療もずっと向上するのです。もしふつうの恋愛関係を築く可能性をしつこく排除し続けているなら、その人はほかの関係でも神経症的であると言えます。こうした人は、より広い社会的なふるまいを排除していますから、結婚を社会に当然必要なものとして見ようとしません。

そこには、愛の課題に対してためらったり避けたりする態度、恋愛関係における不自然な傾向が認められます。どちらも、ライフスタイルの原型が求めることと、そのときの状況で可能なことの関係をきちんと理解できていないために生まれるものです。理解が進めば、よりよくふるまえるようになるでしょう。

24

知力は他者のため

無人島では生き残る力は必要だが
知力は不要だ。この知力は
周りの人と助けあうためにある。

共同体感覚があると、知力が向上していきます。知力というのは共同体にまつわる機能だからです。自分に価値があると感じられる思いが増し、勇気と楽観的な視点が得られます。わたしたちの運命にあるメリットとデメリットを受け入れる感覚も得られます。他者の役に立ち、個人の劣等感ではなくみんなの劣等感を克服していくかぎり、人は人生をわが家のように感じ、自分の存在に価値があると感じられるのです。

倫理的な意味でも、美的なものへの正しい態度としても、美しさと醜さの最上の理解は、本当の共同体感覚から生まれます。

25

洗浄強迫

洗浄強迫には、
自分はだれよりも清らかだ
という思いが潜む。
そこまで特別な自分を求める
心のあり方はなにか。

この結婚は、彼女にとって大きな成功ではありませんでした。彼女が培ってきた絶望の態度のせいで、プラスに向かう行動をなにもとれなかったからです。

妊娠を新たな絶望の出来事ととらえた彼女は、それ以降、体を触られるのを拒んだうえに、自分が汚れているように感じると訴え、一日中、なにかを洗ったり清掃したりしはじめます。自分の体を洗うだけでなく、家具、リネン類、靴など、夫や使用人や訪問客の触ったものをすべてきれいにしていきます。たちまち自室のものをだれにも触らせないようになり、洗浄強迫の神経症にかかりました。こうして課題を解決しない言い訳をしながら、とても高い優越という目標を作りあげ――自分はだれよりも清らかだと感じているのです。

自分は特別だという高い目標を極端に追求する様子は、洗浄強迫の神経症でよく見られます。わたしが確認できたかぎりでは、洗浄強迫はつねに性的関係を避ける手段として使われ、自分がだれよりも清らかだというとっぴな埋め合わせが行われます。

26

不満と空想

目覚めているときの空想のなかに優越イメージが現れやすい。

目標の高さは、目覚めているときの空想のなかにそのまま現れます。そこでは、大金持ちや皇帝、パイオニアになりたいという願望が、架空の満足を得ます。たとえどんな空想でも、それは必ず、患者が進む人生のラインにそった優越のイメージなのです。

他者と生きる共同体感覚の成長度も、こうしたイメージのなかに表現されます。たとえば、だれかの命を救う空想、逃げる馬を止める空想、溺れている人を助ける空想は、人を苦しめたり自分が苦しめられたりするイメージと言うより、もっと社会的な傾向を示しています。子どもでよくあるのは、自分が両親の本当の子どもではないという空想です。

これはなにかしらの理由で親に満足していないということで、本当は身分のある人の隠し子なのだと子どもが思い込むようになります。

この空想の特殊な傾向は集団心理に認められます。神話や伝説を見ても、英雄はいつも神や半神の子どもか、少なくとも知られていないだけで王家の血を引いていたり、権力や財産を相続する立場であったりします。

27

助言の方法

助言をするときは、
意識の面ではなく、
その下の心の面をサポートしていく。

助言をするときは、もっとも訓練された関心を探すばかりでなく、精神の原型のなかにある関心の根底を理解するようにしましょう。能力が見つかるのならば、それは関心の結果です。子どもはその関心のなかで、環境全体に刺激を受けながら自分を訓練してきているのです。この様子はとてもはっきり見てとれます。

ですから、訓練と方法が正しければ、だれでもなんでもできると言えるのです。どう考えて行動するか、どう物事をとらえるかによって、子どもの関心は将来の職業に向けて定まっていきます。しかし、関心そのものは、優越という目標を達成できていると感じるかどうかで増えたり減ったりします。

成長の段階で、子どもは達成できないさまざまな方法で目標を具体化しようとします。このとき、大きく挫折することなくその方法を手放せるかどうかが肝心です。そのためわたしたちの課題は、意識の面ではなく、心の面で子どもをサポートすることです。社会との接触が密接であればあるほど、優越について共通の感覚（コモンセンス）に基づいた考えを育てていけるようになります。

28

ゆがみを解消するには

周りの人とつながり助けあうなかで、
ものの見方のゆがみを
解消できた人が
成功することができる。

わたしたちは「事実」そのものの影響を受けているのではありません。事実をどうとらえるかで動いています。物事をどのくらい事実にそって見ることができているかは、いくつかの点に現れます。

経験の少ない子どもや、世間とのつながりが薄い大人の場合は、その人の考え方を生んだきっかけの体験はつねにささいなことです。もののとらえ方に矛盾がないか、自分の見たとおりに行動して成功したかも基準になります。ただし、こうした基準でいつも判断できるわけではありません。わたしたちの行動範囲はたいてい限られていますし、ちょっとした失敗や矛盾であれば、たいして苦もなく、またはだれかの助けで、それなりに解決されるからです。すると、一度作ったライフスタイルをずっと守ることにもなってしまいます。

かなり痛い目に遭ってはじめて、人は熟考を迫られるのです。けれど、深く考えて成果が出るのは、個人の優越という目標から離れ、他者とのつながりのなかで人生の課題を解こうとする人だけです。

29

友人がすぐできるには

すぐに友人ができる人は、周りの人と手を取りあい生きることを学んだ人。

他者と生きるように育てられた人は、すぐに友人ができます。人類のあらゆる課題に関心もあり、他者に役立つように自分の解釈や態度を調整します。よい行いやわるい行いで目立つことに成功を求めません。つねに思いやりをもって社会のなかで暮らしていきますが、共同体に危害を加える者を非難することもあります。やさしい人でも、ときには軽蔑の念を抑えることができません。

わたしたちが暮らすこの地球では、人間は働き、仕事をわけあわなければなりません。ここでの共同体感覚は、他者の役に立つための協働として現れます。

共同体に生きる人は、仕事の賃金が支払われるのが当然であること、そして他者の生活や仕事を搾取しても人類の幸福のためにはならないことを疑いはしないでしょう。

30

愛の課題の解き方

愛から生まれた課題は、どんなに難しいものでも、愛する人同士が互いに尽くすことで解決される。

愛の課題ほど、全体のなかの個人の幸福に近接する課題はないのかもしれません。2人で取り組む問題の構造は独特で、一人のときの方法では正しく解くことができません。2人がそれぞれ自分のことは忘れて相手に尽くさなければ解けないような、2人が1つの存在にならなければならないような問題なのです。

恋愛における男女の平等はもちろん（いまだにさまざまに誤解されていますが）、恋愛にはお互いへの献身が不可欠です。献身という謙虚な感情は、奴隷のような服従だと誤解されていることが非常に多いです。男性にもよく見られる傾向ですが、とくに女性はそう誤解しています。

ライフスタイルのなかで自己中心的な優越を原則にするようになった人は、献身にひるんで愛から遠ざかったり、まったく人を愛せなくなったりします。2人で取り組む課題に対する準備、対等という意識、献身する能力——この3つの適性が欠けているのは、共同体感覚のない人全員の特徴です。

31
なぜ失敗をくりかえすのか

「はい、そうです」と自分の間違いを素直に認めることができる人は、その失敗をくりかえすことはない。

失敗について患者に質問すると必ず共同体感覚の力が働いて、「はい、そうです」と失敗を認める肯定の言葉が返ってきます。そしてそのあとに、共同体感覚がきちんと育つのを妨げる、より力の強い言葉「でも」が続きます。

この「でも」の内容は、よくある例でも特殊な例でもいろいろです。治療が難しくなるかどうかは「でも」の強さによります。ショックの結果である自殺や精神障害のケースでは、もっとも「でも」が強くなります。このとき、「はい、そうです」を聞くことはほとんどありません。

32

正しいチェックとは

「見る」「聞く」「話す」ことでわたしたちは周りの人とつながることができる。

わたしは、個人が全体の一部として生きて死ぬときにのみ、正しく成長していけることを主張しています。この見解に対する個人主義者からの浅薄な反論はまったく無意味です。人間のすべての機能が、共同体を妨げず、個人と共同体をつなぐことをいかに対象にしているか、わたしはまだまだ話して証明できます。

「見る」という行為は、網膜に映るものを受けとって、それを役立てることです。これは単に生理学的な現象ではなく、人間が全体の一部であること、もらって与える存在であることを示しています。

見る、聞く、話すという行為を通じて、わたしたちは他者とつながります。人間が正しく見て、聞いて、話すのは、外界に関心をもって他者とつながっているときだけです。人間の理性、共通の感覚(コモンセンス)は、ともに生きる仲間にチェックされ、絶対の真理の影響を受けています。

そして、永遠に正しい状態を目指しています。わたしたちがなにかを美しいと見なす感覚は（優れた業績へ向かわせるもっとも強い力かもしれません）、人類の幸福を求める進化の流れのなかでだけ永遠の価値を得ます。わたしたちの肉体と精神のあらゆる機能は、十分な共同体感覚があって協力に適したときだけ、正しく正常に健康的に成長します。

2章

人間関係に悩まない

「こんな人」には関わるな。
嫌われたほうがずっといい。

33

性格とはなにか

性格とは、心の態度であり、
人が周りの人々と
向きあう方法である。

性格とは、人生の課題に向きあう人が示す心の特定の現れ方だと、わたしたちは解釈しています。

つまり「性格」というのは社会的な概念なのです。人と周囲のつながりを考慮しなければ性格について語ることはできません。たとえば、無人島に暮らすロビンソン・クルーソーなら、どんな性格をしているのかは問題にならないでしょう。

性格とは心の態度であり、人が周囲と向きあう方法であり、他者と生きる共同体感覚をともないながら評価の追求が行われる人生のラインなのです。

性格は個性を際立たせる手段であり、生き方を作っていく術策と言えます。

34

性格はあとから

性格は、生まれつきのものではない。
生き方を固持するために
自分自身で身につけたものだ。

性格は、多くの人が考えるような生まれつき自然から与えられるものではありません。型のように染みついて、よく考えなくてもどんな状況でも一貫した人格を示す基本線のようなものです。生まれつきの力や基本的な性質ではなく、なんらかの生き方を固持するために（たとえごく幼いうちであっても）身につけたものなのです。

ですから、ある子どもが怠惰だとしたら、それは生まれつきではなく、人生を楽にして自分の価値を主張するのにちょうどよい手段に見えるから怠惰でいるということです。なぜなら、人が怠惰のラインを進んでいるときも、ある意味で力を求める態度が存在しているからです。怠惰な人は決まってその性格を生まれつきの欠点だと言います。そうすれば、自分の本当の価値は傷つかないように思えます。

「この欠点がなければ、自分の能力を立派に発揮できるのに。でも、自分にはこんな欠点がある」

35

相手を見抜く

他人の性格を読みとることができれば、人に悩まされずにすむ。

優越という目標は、隠れた目標です。

共同体感覚が働いていることで、この目標は人知れず発達し、やさしそうな仮面の下に顔を隠しています。とはいえ、もしわたしたちがもっと他者を理解していれば、優越という目標がこれほど多くはびこることはありません。

わたしたちが見る目を養い、周囲の人の性格をもっとはっきり読みとれるようになれば、いまよりも自分の身を守れるだけでなく、他者の優越の追求を困難にして割に合わないものにすることもできるでしょう。そうなれば隠れた力の追求などはなくなるはずです。

ですから、この関連をじっと観察し、得られた認識を実際に活用していくのは価値のあることだと言えます。

36

影響力をもちたい

人は自分の価値が上がるかどうかだけで物事をとらえ、自分の影響力を大きくするために行動することが実に多い。そのことをまず知っておけばいい。

わたしたちは子どものころに身につけた偏見を、大人になってからもまるで聖なる掟のように固持しています。また、複雑な文化の渦に巻き込まれ、物事の本当の理解をはばむきわめて有害な考え方をしていることに気づいていません。

なぜなら結局は、自分に価値があるという感覚を高める観点だけですべてのことをとらえ、自分の力を増すための態度をとっているからです。わたしたちのものの見方には物事に対する本当の理解が含まれていませんでした。

37
人を判断する基準

人を判断する確実な基準は、人がともに生きているという感覚の成長の度合いだ。

社会に暮らすどんな立場の人も、人生に根を下ろしているという深い感覚を求めているからです。その結果、わたしたちはぼんやりと（ときにははっきりと）、他者に対して果たすべき義務が自分にどれほどあるかを感じて知っています。

わたしたちが人生という枠組みのなかで、人がともに生きるという論理から逃れられないことは事実です。

人を確実に判断する基準は、共同体感覚の成長度しかあり得ません。わたしたちが共同体感覚に精神的に依存していることを否定するのは不可能です。自分には共同体感覚はないと本気で否定できる人などいません。ともに生きる仲間に対する義務から逃れるための言葉はないのです。共同体感覚は警告の声を発してつねにその存在を思いださせます。

38
攻撃的な人

人を攻撃するタイプの人間は、
心に深い不安がある。
彼は戦い続けて、
やがて敗北し、挫折する。

「攻撃するタイプ」が勇ましい場合、勇気を高慢の域までもっていき、なにかをなしとげられることを強調して自分にも他者にも示そうとします。

これは、実は彼らを操る深い不安感があるということです。

悲観的な傾向がある場合、他者と共生することも共感することもしないで敵対するため、周囲との関係が変化します。このとき、意識的に自分を高く評価し、ひどくうぬぼれて横柄で独りよがりになります。まるで本当に相手に勝っているかのように虚栄心を見せます。けれど、すべては緻密に作りあげられたもので、その下にある大本は不安げに揺れ動いているということを暴露するものでもあります。

つねに優位に立とうとする彼らはたちまち他者と衝突します。

とくに同じタイプとは競争心を引きだすので衝突します。人生は戦いの連鎖になり、もし敗北すれば（ほぼ免れません）、これまで歩んできた勝利のラインは途絶えます。するとすぐにひるむようになり、根気をなくし、挫折の克服にひどく苦労するようになります。

39

批判的な人

いつも批判するだけの人は
決断を先延ばしにしている
だけにすぎない。

「攻撃されるタイプ」は、自分を弱いと思う感覚を克服するときに、攻撃のラインを進まずに、不安、用心、臆病というラインを進みます。

こうした態度は、攻撃するタイプで詳述したラインをわずかな時間でも進んだことがあったからこそ、できあがったと言えます。「攻撃されるタイプ」はすでに手痛い体験をしているため、すぐ逃げる道を選ぶというなにも生まない結論を出します。多くの人は、成果のあることに取り組むふりをして、逃走の動きを自分にも隠します。

このタイプによくある特徴は、ひどく批判的で、どんな失敗も即座に感じとるということです。裁判官のようにふるまいながら、自分では周囲のためになることをしません。いつも批判するだけで、協力せず、場を壊します。疑い深いため、様子を見てためらう態度をとります。課題に直面すれば、まるで決断を先延ばしするように迷ってためらいます。このタイプを象徴的に表すなら、抵抗するために両手を突きだし、ときには危険を直視しなくてすむように視線をそらすような人です。

40

内にこもる人

他人よりも上に見られたい人の術策に関わってはいけない。

自分を信じられない人が他者も信じられないのはよくあることです。けれど、このような態度では、どうしてもねたみや狭量（きょうりょう）といった特徴が育ちます。内にこもった彼らの生き方は、人を喜ばせたり、他者の幸福をともに喜んだりする気がないことを意味しています。ときには、他者の喜びを苦痛ととらえ、傷つけられたように感じます。このタイプは多くの場合、自分をほかの人よりも上に感じる術策に長けていて、この感覚を人生のなかで揺るぎのないものにします。他者よりも上に見せたいという望みのなかには、あまりにも複雑で一目では敵意とわからない感情が生じることもあります。

41
承認欲求の強い人

「人から認められたい」と
他人の評価を追求する人は、
現実から外れていく。
他人の目なんて気にしなくていい。

認められようとして評価を追求すると、内面の緊張が高まり、力と優越という目標をはっきりと想定して動いていくようになります。大きな勝利を期待した人生になるのです。こうした人は現実から外れていきます。人生とのつながりを失って、自分がどんな印象を与えるか、人からどう思われるかばかりを考えるのです。この考えのせいで行動の自由は大きく妨げられ、非常によく見られる性格「虚栄心」が登場します。

42

他人のせいにする人

人生で大事なのは正しいかどうかではない。

虚栄心の強い人は自分の失敗の責任を人に負わせようとします。正しいのはいつも自分で、他者が間違っていると言うのです。けれど、人生で大事なのは正しいかどうかではありません。自分のなすべきことを先へと進め、他者を支援することです。

よく聞く異論として、人類の偉大な業績は野心がなければ実現しなかったというものがあります。けれどそれは偽りの姿であり、誤った視点です。

偉業は共同体感覚からしか生まれません。なにかしら共同体のことを考えずに、卓越した業績をなしとげることは不可能です。達成の前提には、必ず社会とのつながりがあり、社会を支援する意志があります。そうでなければ、わたしたちが偉業に価値を認めることもないでしょう。その際、虚栄心に関するものは、妨害をする存在でしかなかったはずです。虚栄心の影響が大きいことはあり得ません。

43

「いいえ」しか言わない人

自分のなかで虚栄心が
強くなっていくと、
意志を押しとおすことだけが
目的になる。
「はい」と言いたいのに
「いいえ」と言うようになる。

母親は、ある日、好きな料理で娘を喜ばせようとして、「これが好きだったでしょう。だからもってきたのよ」と差しだしました。すると少女はごちそうを床に投げつけ、足で踏んで叫んだのです。「でも、お母さんがもってきたからいらない。それをほしいかどうかはわたしが決めるの」

多くの子どもには、口に出さなくても同じようなところがあることを忘れないでください。もしかするとすべての子どもにこうした傾向がいくらかあるのかもしれません。そうして、なんの得もなくても、あるいはただ害があるだけだとしても、断固として意志を押しとおそうとするのです。

その結果として、周囲を手助けする大人よりも、自分の意志を押しとおす大人のほうが多くなっているのです。

彼らは人と話すときにはいつも反論できる瞬間を待っています。虚栄心によって意志があおられて、「はい」と言いたいのに「いいえ」と言ってしまう人も多くいます。

44

場の空気を壊す人

ねたむ人は、
その場の雰囲気を壊し、
他人を我慢させて邪魔をする。
勝手な判断で人を傷つけ、
周囲が苦しむところを見て
満足する。

一生ずっとねたみに包まれている人は、共生に対してなにも生みません。彼らは他者からなにかを奪い、どこかしら我慢させて邪魔をするという願望をつねに示します。自分がなしとげられていないことに対して言い訳をし、他者のせいにする傾向があります。

戦って場の雰囲気を壊す人物像を演じ、他者とよい関係を築くことに関心が少ない人、他者との共生に自分を役立たせる準備のない人になります。ほかの人の精神に同調する努力をしないため、人間をあまり知らず、勝手に判断して人を傷つけます。彼らの行動で人が苦しんでも気にしません。

ねたみのせいで、周囲の人が苦しむことに一種の満足を感じることすらあります。

45

すぐ怒る人

怒りを爆発させることで、自分を認めさせようとする人がいる。

人間の力の追求や支配欲をまさに象徴する情動が怒りです。

この表現形式は、自分に向けられる抵抗をすばやく強引にねじ伏せるという目的をはっきりと伝えています。これまで見てきたことに基づけば、怒る人には、力を強く発揮して優越を目指す姿が見てとれます。

認められたいという努力は、力の陶酔に変わることがあります。これは簡単に説明できることで、このタイプは自分に力があるという感覚が少しでも傷つけられたら、怒りを爆発させるという形で応えるのです。おそらく何度も試しているこの方法を使えば、もっとも簡単に他者を支配でき、自分の意志を押しとおせるとひそかに感じているのでしょう。これはレベルの高い方法ではありませんが、非常に多くの場合で効果があります。困難な状況で怒りを爆発させたら自分が認められたことを思いだす人は多いでしょう。

46

すぐ怒る人

自分の立場を脅かす者はいないかと、
つねに周囲の様子をうかがい、
気に入らない人がいれば
怒りをぶつける。
こんな怒りのシステムに
関わってはいけない。

怒りから1つのシステムを作りあげていて、そもそもほかの手段をもたない人がいます。これは横柄で過敏な人で、自分の横や上にだれかがいることに耐えられません。

自分は優れているという感覚をつねに必要とするので、自分に近寄りすぎている人はいないか、自分は十分に高く評価されているかと、つねに様子をうかがっています。

ふつうここには極度の不信感も結びつくため、だれのことも信頼しなくなります。

47
悲しむ人

ひどく悲しむ人はそもそも他者を非難する人。

悲しみという感情が生じるのは、なにかを奪われたり失ったりして、簡単には立ち直れないときです。

ここでも優越に向かう同じラインが見つかります。怒りの場合、動きは他者に向けられ、怒る本人には自分が高められる感覚が、他者には敗北がもたらされます。一方、悲しみの場合、まず精神の領域が狭まり、高められる感覚と満足感を本人が追求することでやはりすばやく拡大していきます。けれど、これはもとを正せば爆発でしかなく、たとえ方法は違っても、またしても周囲に向かう動きなのです。

なぜなら悲しむ人はそもそも非難する者で、そのせいで周囲と対立するからです。悲しみは人間の本質のなかにもちろんあるものですが、その分、過剰になると、周囲にとって敵対的で有害なものを含むことになります。

48

同情される人

悲しむ人は、周囲から同情され、支えられ、なにかを与えられることで、自分が高められたという感覚を得る。

悲しむ人の場合、自分が高められる感覚は周囲の態度によって与えられます。だれかに世話を焼かれ、同情され、支えられ、なにかを与えられ、声をかけられたりすることで、悲しむ人が安らぎを得ることは知られています。泣いて嘆いて爆発すれば、攻撃するだけでなく、非難する者、裁く者、批判する者として周囲を上回ることになります。要求と懇願の特徴がはっきりと見られるのです。周囲への要求はどんどん増えていきます。悲しみは他者にとって拘束力があって逆らえず、屈するしかない主張のようなものです。

したがって、この感情が示すラインも下から上へ向かい、安定を失わないことと、自分を無力で弱いと思う感覚を埋め合わせることを目的にしています。

49

不安感を表に出す人

不安を巧みに表に出すことで
周囲を支配する。
そうやって自分だけを
特別扱いさせるのだ。

不安な人は自分の人生を守ってくれるだれかを探し、つねにだれかにいてもらわないとならないのです。

実際のところこれは、まるで不安な人を支えるためだけに他者が存在するみたいに、支配関係を作ろうとすることでしかありません。

さらに見ていくと、自分だけ特別に世話をされることを求めて人生を歩きまわっていることがわかります。

人生と正しくつながらず、自立心を大きく欠いているために、自分ばかりが面倒を見てもらう特権を異様なほど強く要求します。人とのつきあいをどれほど求めていても、彼らにはわずかな共同体感覚しかありません。

そのため、不安の表出は、特権的な立場を得て、人生の要求を避けて、ほかの人を仕えさせることに向かいます。最後には不安は日常のあらゆる関係に根を下ろします。周囲を支配する効果的な道具になるのです。

50

劣等感が強い人

劣等感が強い人は、
過剰に他人の上に立とうとする。
周囲のことは考えないので
周りの人の抵抗を招き、
そして敵対するようになる。

自分の小ささ、弱さ、劣等感に抑圧されていれば、精神器官も大いに働いて、劣等感などを抑え込んで排除しようとします。

劣等感の抑圧がひどい場合、将来が不利になることを恐れて、単なる埋め合わせでは満足せずにやりすぎる危険があります（過剰な埋め合わせ）。力や優越の追求は極端で病的なものになります。こうした子どもは、人生で結ばれる通常の人間関係に満足しません。目標を高く設定して、大きく目立つ行動をとろうと身構えます。通常をはるかに超える強い衝動をかかえながら、周囲のことは考えず、性急に自分の立場を確保しようとします。こうして彼らは目立つ存在になり、他者の生活を侵害し、当然のように相手の抵抗を招きます。人と敵対しながら、自分も敵視されるのです。

51

虚栄心の強い人

虚栄心の強い人は、むしろ控えめにふるまっている。

無意識というのは精神器官の働きで、領域を越えて作用します。そして同時に、精神生活におけるもっとも強力な要素でもあります。そこには、人間の動きのライン、(無意識の)人生のラインを作る力が見つかります。意識のなかにあるのはそれの反映でしかなく、ときにはまったく逆の形をとっていることさえあります。たとえば、虚栄心の強い人はたいてい自分の虚栄心に気づいておらず、反対に、控えめに見えるようにふるまいます。虚栄心が強くあるためには、虚栄心を自覚している必要などないのです。それどころか、自覚してしまうと、その人の目的にとって都合がわるくなります。

知ってしまえば、控えめにふるまうことができないからです。自分の虚栄心には目を閉じて、注意をほかにそらしているときだけ、見せかけの安全をつかめます。こうして、プロセスの大部分は暗がりのなかで進行します。

52

虚栄心の強い人

意識的に生きる人は、先入観をもたず人生の課題に向きあう。

実際、人間には2つのタイプがあります。1つは意識的に生きるタイプで、先入観をもたずに人生の課題と向きあいます。もう1つは先入観をもって人生や世界のごく一部だけを見るタイプで、つねに無意識に自分を動かして、適当な理屈をつけます。そのため、ともに生きる2人の人間のあいだに、一方が反対ばかりするために困難におちいるという事態が起こります。双方が反対するケースのほうが多いかもしれませんが、この一方ばかりが反対するケースも珍しくはありません。反対する人は自分の行動に気づいておらず、自分は平和主義で、協調を一番大事にしていると信じてさえいます。しかし、事実は反対で、相手がなにか言えば、必ず側面をついて反論します。それも表面的にはわからないようなやり方をするのです。けれどよく見れば、言葉のなかに敵対的で好戦的な雰囲気があるのがわかります。

こうして多くの人は自分のなかに、自覚のないまま働く力を育てます。無意識のなかにあるこの力は人生に影響を与え、もし見つからなければ重大な結果をもたらす可能性があります。

53

心を病む人

心を病む人のなかに
潜んでいるかもしれない
攻撃や復讐の要素を
見落としてはならない。

神経症は決まって患者の負担を軽くします。もちろんこれは、客観的な視点や共通の感覚（コモンセンス）ではなく、個人の理屈に従ったことによります。

神経症になれば、いくらか勝利が味わえたり、少なくとも敗北の不安がやわらいだりします。神経症は臆病な人の武器であり、弱い人がもっとも頻繁に使う武器なのです。

ほとんどの神経症患者のなかにしっかりと隠されている攻撃や復讐の要素を見落としてはいけません。

54

だれも信用しない人

子ども時代に〝王座〟から
突き落とされた人が、
大人になってから
その王座をとり返そうと
するようなことがある。
いつも疎外感を覚え、
他人には不信感を覚えながら。

ある女性が語ったのは、次のような記憶でした。

「テーブルに寝かされた妹を見ているよう言われたことを覚えています。妹はずっと動いていて、かかっていたタオルケットが外れました。それを直そうとして引っ張ったら、妹が転がり落ちてけがをしたのです」

この女性は、わたしのところに来たとき45歳でした。学校でも結婚生活でも、人生を通してずっと自分は放っておかれていると感じていました。

これは、子ども時代に王座から突き落とされたときと同じ気持ちです。似たようなケースで、疑いや不信をもっと強く示すケースがあります。ある男性はこう語りました。「母と弟と市場へ向かっていました。急に雨が降りだして、母が抱きあげてくれました。でも、わたしのほうが年上だと思い出した母は、わたしを下ろして弟を抱っこしました」。男性は人生で成功していましたが、だれのことも、とくに女性を信用していませんでした。

55

嫉妬心の強い人

嫉妬心からパートナーの
行動ルールを決め、
強制的に従わせる。
そうやって自分の勇気や自信のなさ、
社会への不適応を埋めようとする。

嫉妬というのは、多くの場合、優越の関係を作るために使われます。嫉妬深いパートナーは相手の行動にルールを決め、非難したり道徳的な問題をもちだしたりしてルールを守らせます。すると、相手はパートナーから従者の立場に降格するので、嫉妬深い人はそれに比例する形で優越感を得るのです。

嫉妬は妄想症やアルコール依存症との関連でも姿を現します。ここでも嫉妬は基本的に同じように使われます。妄想症でも、アルコール依存症でも、患者はひどく自信がないために、性的パートナーを空想のなかで苦しめて優越を追求します。

こうしたケースでは、アルコール依存症が原因でインポテンスになるとよく言われますが、それは正しくありません。アルコール依存症、インポテンス、嫉妬が結びついて働き、患者に足りない社会への適応、勇気、自信を埋め合わせようとしてマイナスの努力をするのです。3つの要素が一体となって、だんだんと自己中心的な態度を示していきます。

56

他人を切り捨てる人

劣等コンプレックスを隠すために
優越コンプレックスをもつ。
他人を切り捨て
自分が優れているように見せかける。

個人心理学の技術でライフスタイルを突きとめるには、まず人生で起きた問題を知り、それが個人になにを求めるかを知ることが欠かせません。すると、問題を解決するには、ある程度の共同体感覚、人生全体とのつながり、協力や共生の能力が必要なことが見えてきます。この能力が欠けている場合、さまざまな形で劣等感が強まり、たいていは「ためらう態度」や回避が観察されるようになります。このときに見られる肉体的・精神的な現象を、わたしは「劣等コンプレックス」と呼んでいます。つねに優越を求める人は、劣等コンプレックスを別のコンプレックスで隠そうとします。それが「優越コンプレックス」で、共同体感覚を投げ捨てて自分が優れているように見せるのです。

これらのコンプレックスで生じる現象をすべて理解していれば、なぜ幼いころに共同体感覚を十分に準備できなかったのかが調べられます。この方法であれば、個人の一貫したライフスタイルをはっきり把握することができます。問題のあるライフスタイルがどのくらい逸脱しているかを理解することも可能です。そのずれが、他者とつながる能力の不足です。教育者、学校教師、医師、聖職者が果たすべき課題は、失敗の本当の原因を子どもにしっかりと理解させ、個人が作りあげた誤ったとらえ方や意味を明らかにすること、そして共同体感覚や勇気を高め、人生から与えられた本来の意味へと導くことです。

57

コンプレックスの強い人

劣等コンプレックスは
失敗したときの態度に
現れやすい。
このコンプレックスをもつ人は
劣等感を克服しようとせず、
その劣等感にしがみつく。

よくある失敗では、決まって劣等コンプレックスが見られます。劣等コンプレックスとは、劣等感による反応がずっと続いて、劣等感にしがみつくことです。これは、共同体感覚がかなり不足していることから説明できます。

同じ体験、同じ夢、同じ状況、同じ人生の課題は、たとえそれが完全に同一のものであっても、一人ひとりに違う影響を与えます。このとき、ライフスタイルと、そこに含まれる共同体感覚が決定的に重要になります。

劣等コンプレックスがあるかどうかは、これまでの人生、これまでの態度、子ども時代の甘やかし、身体器官の劣等の有無、子ども時代に放っておかれたと感じたかを調べれば確認できます。

58

寄生する人

他人とともに生きることを
やめた人は社会に寄生し、
他人を自分の都合のいいように
働かせようとする。

個人の優越は協働と対立します。この点から見ても、失敗するのは、共生の成長を止め、正しく見る、聞く、話す、判断することのできない人物であることがわかります。こうした人物は道を外れたままでいるために共通の感覚(コモンセンス)の代わりに「個人の感覚」をうまく利用します。わたしは、甘やかされた子どもは、つねに他者を働かせようとする寄生者だと書き表しました。そこで作られるライフスタイルは、愛情などの精神的なものであれ所有物などの物質的なものであれ、他者の貢献を自分のものだと思うことだと理解できます。

共同体は、頭での理解よりも奥深くの衝動から、こうしたライフスタイルに対して寛容であることを自然に学んでいかなければなりません。過ちを罰したり復讐したりせず、解き明かしてとり除くことが、共同体の永遠の課題だからです。

しかし、協力の強制に対する抗議はつねに存在します。共同体感覚を身につけていない人には、協力は耐えがたく、個人の感覚に反していて、個人の優越の追求をおびやかすものに思えます。共同体感覚のパワーはとても強いので、多少でも道を外れたり失敗したりすることは、規定に収まらない正しくないことだと認識されます。まるで税金と同じで強制されているように感じるのです。

3
章

劣等感に悩まない

それはあなたの問題ではない。
他人の問題だ。

59

劣等感は悪くない

人生は、劣等感から始まる。
劣等感を乗り越えて
幸せに生きようとする。

人間とは、とにかく劣等感をもちやすい存在です。

そもそも、劣等感が生じてはじめて精神生活のプロセスは始まります。落ち着かなくなり、欠けた部分を補おうとし、安らかに、楽しんで人生を送るための安全と充足を求めます。劣等感を知ることで、子どもに対してとるべき行動の方針が見えてきます。

とくに求められるのは、子どもの人生をつらいものにしない、人生のわるい面をあまりにつらい形で知ることから守る、つまりできるだけ人生のよい面を伝えることです。

たとえわたしたちが行動の方針をすべて達成したとしても、経済的・身体的に問題のある子どもが人生を困難だと感じることを防いだりはできません。子どもは共同体感覚を失う危険にさらされます。

60

異質な人を排除しない

わたしたちは、
異質な人間を探しだして
排除するほうへ進むべきではない。
互いに手をとりあって
協力していかなければならない。

わたしたちは異質な人間になったり異質な人間を見つけたりするほうへ進むのではなく、互いに手をとりあってつながり、協力していかなければなりません。

とくに協力が求められる現代では、個人の虚栄心を追求している余地はもうないのです。けれど、いまのような時代には、この考えに対して特別大きな矛盾が示されます。人々が協力しようとしてもうまくいかないことが多く、結局は抑え込まれたり哀れまれたりしてしまうからです。

わたしたちの時代は虚栄心をとくに危険な存在にしているように見えます。ですから、せめていくらかましな形を見つけ、少なくとも社会の役に立つところで虚栄心を満たすようにしなければなりません。

61

勝ち続けなくていい

自分の虚栄心からほかの人たちを拒否しない。

絶え間なく続く戦いは、当然、虚栄心や野心やうぬぼれが人生のパターンになった人を次々と困難に押しやり、人生の本当の喜びを奪います。

人生の喜びというのは、人生の条件を肯定したときにだけ手に入るのです。反対に条件を拒否すると、喜びや幸せに向かう道がすべて閉ざされ、他者には満足や幸福になることが自分には与えられていないと思うようになります。

こうなると、ほかの人より上回って優れている感覚を夢見るくらいしかできないのですが、なんらかの形で実現されたと感じることはありません。

たとえ優越感を得たとしても、その評価に異を唱えたがる人が必ず現れるでしょう。これに対抗する手段はありません。自分の優越をむりやり人に認めさせることはできないのです。彼らに残るのは、自分に対する、勝手でうぬぼれていてまったく不確かな判断だけです。

なにも得られず、だれもがつねに攻撃にさらされ、被害を受け続けます。

62

なにが目標を決めるのか

正当な目標は社会から生まれる。

意志は目標と結びつくと自由でなくなります。目標はたいてい、宇宙的、生物的、社会的な制約から生まれてくるため、精神生活が絶対に変わらない法則に従っているように見えてしまうのです。

でも、たとえば、人が共同体とのつながりを否定して封じ込め、事実に適応しようとしない場合、精神生活のうわべの法則性はすべて打ち捨てられ、新しい目標による新しい法則性が登場します。同じように、人生に絶望して他者と生きる感覚を消し去ろうとする人には、共同体の原則は効力のあるものでなくなります。

ですから、まず目標が立てられ、そこから必然的に精神生活の動きが起こるということをしっかり頭に入れておかなければなりません。

63

言葉にする

わたしたちは言葉によって
ともに生きる。
言葉には深い意味がある。

言語は単体で生きる存在にはまったくいらないものです。人間がともに生きることを想定していて、共生から生まれながら、同時に共生をつなぎとめるものです。この関連を強く証明する一例として、他者とつながることが難しい状況で育った人、自らつながりを拒む人は、ほとんど決まって言葉や言語力の不足に悩まされることがあげられます。まるで、他者としっかり接触したときにだけ、言葉のつながりが作られ、維持されるかのようです。

精神生活の成長に対して、言語には大変に深い意味があります。論理的な思考は言葉がなければできません。言葉が概念を作ることができるから、わたしたちは物事を区別し、自分だけでなくみんなで共有できる概念を創出できるのです。

64

感情移入してみる

他人の痛みを
自分のことのように感じられると、
わたしたちは一緒に生きられる。

わたしたちの体験はすべて、感情移入と密接に結びついているのです。自分を他者のように感じるこの能力がどこから来ているのかと考えると、生まれつき備わっている共同体感覚に行きつきます。

共同体感覚がどのくらいあるかが人によって異なるように、感情移入の度合いも人によってさまざまです。どちらの様子も、もう子ども時代には観察されます。人形を生きているように扱う子どももいれば、中身がどうなっているのか調べることだけに関心があるような子どももいます。周囲の人と関係を作らず、命のないものやあまり価値のないものに向きあっていると、人間の成長が完全に失敗してしまうことまであります。

子どもによく見られる動物虐待は、ほかの存在への感情移入がまったく欠けていると考えればあり得ることです。その場合、子どもは、共生の発展には意味のないことに興味をもち、他者の利害はまるで無視して、自分のことばかり考えるようになります。こうした現象はすべて、感情移入の成長度が低いことと関連しています。感情移入が欠けていると、最終的には、他者との協力をまったく受けつけなくなります。

65

他人に働きかける

わたしたちが他人に
働きかけられるのは、
共同体感覚をもっているからだ。
他人からの働きかけに対しても、
その感覚のなかで
折り合いをつけられる。

他者に働きかけることがどうしてできるのかという問いに対して、個人心理学では、やはり人と人とのつながりが答えになります。わたしたちの人生は、相互の働きかけが可能であるということを前提として進んでいます。これは、教師と生徒、親と子ども、男と女といった関係でとくにはっきり見られます。

共同体感覚の影響を受けて、ある程度までは他者からの働きかけに対して折り合いがつけられます。けれど、どのくらいの影響を受けるかは、影響を受ける側の権利がどこまで守られているかで変わってきます。不当に扱われている人がずっと感化され続けることはありません。

もっともよい形で働きかけることができるのは、自分の権利は守られていると相手が感じているときです。

66

効果的な教育とは

教育が効果を発揮するのは、
学習する人が他人と
より結びつく感覚を
もっているからだ。

教育が効果的なのは、もっとも根源的なもの、つまり他者と結びつく感覚を含んでいるからです。ただしこの教育は、社会の影響から意図的に逃れようとする人に対してはうまくいきません。こうした人は簡単に逃げたわけではなく、ずっと戦ってきたと考えられます。戦いの過程でだんだんと周囲とのつながりをなくし、共同体感覚と完全に対立するようになったのです。こうなると、どのような働きかけも難しいか不可能で、どう働きかけても抵抗が返ってくるだけになります（反抗心）。

ですから、なにかしら周囲に抑圧されていると感じている子どもについては、教育者の働きかけに応じる能力や傾向があまりないと予測できます。

67

無視された子の末路

犯罪を実行する人がいる。
彼らは、子どものときに
外部から強い抑圧を受けて
無視されたという経験を
もっていることがある。

外部からの抑圧が強くてあらゆる抵抗が無視され、働きかけが受け入れられているように見えるケースもたくさんあります。けれど、この服従に価値がないことはすぐにわかります。この服従は大きく育ちます。ときには、一生なにもできないようなグロテスクな形で現れることもあります（盲目的な服従）。

その結果、必要な行動や手順を命じられることを待ってばかりいる人間になるのです。強い服従がどれほど危険なのかは、こうした子どもがどのような大人になるかを見ればわかります。自分を支配する相手に従い、命じられれば犯罪にまで手を染めることが多いのです。彼らはいつも実行役として動くので、とくに犯罪集団で物騒な存在になっていきます。反対に、集団のリーダーはたいてい自分では動きません。ある集団では、目立った犯罪のほとんどが、このタイプである一人の人間によって実行されていました。こうした人は信じられないほど徹底した服従を示し、服従によって野心が満たされるとすら感じるのです。

68

過剰な野心の結末

過剰な野心をもつ人もいる。すべての他人を超えようとして、共同体と相いれない存在になる。

過剰な野心をもった子どもは他者の邪魔をします。あとになるとさらに、社会で暮らす存在としては敵対的な態度と言える様子を見せます。それは虚栄心、高慢、なんとしても他者を打ち負かそうとする努力などです。自分を向上させずに、他者が落ちることに満足する様子として現れることもあります。このとき彼らにとって大事なのは、自分と他者のあいだにどれだけ距離があるのか、どれほど大きな違いがあるのかということだけです。けれど人生に対するこうした態度は、周囲の邪魔になるだけでなく、本人にとっても不快に感じられるものです。人生の暗い面におおわれ、本当の生きる喜びが得られないのです。こうした子どもはすべての他者を超えようとして力を追求するので、人間が果たすべき共通の課題と相いれなくなります。力をやたらと求めるこのタイプと、社会で生きる人間の理想像を比べ、多少の経験を積めば、人を理解しようとする目が育ち、ある人物が共同体感覚からどのくらい離れているかを把握することができるようになるでしょう。

どれだけ気をつけていても、人間を理解しようとする人の目は、相手の肉体や精神の欠点に向かうはずです。そして、精神生活の成長が難しかったに違いないことに気づきます。この点を頭に入れておき、さらにわたしたち自身が共同体感覚を十分に育てていれば、欠点は害をなすものではなく、ただ役立てることができるものだとわかります。

69

その人の問題ではない

いやな性格の人に、その性質の責任はない。

いやな性格の人に対して、その性質の責任があるとは考えないということです。反対に、相手がその特性のせいで気分を乱すこともあるのを認めます。そして、わたしたちみんなに当てはまる共通の罪があることを理解します。問題をかかえる人の特性に十分に配慮してこなかったわけですから、社会で起こる不幸にはわたしたちにも非があるのです。このような見方をすれば、状況は緩和され、彼らを邪魔で劣った者のように扱うことはなくなります。

そのうえでわたしたちは、彼らがもっと自由に成長できる雰囲気、また、周囲との関係のなかで対等だと思いやすい雰囲気を作らなければなりません。生まれつきの劣等が外見からわかる人を見たときに、わたしたちがしばしばどのように落ち着かない気持ちになるのか思い返してみましょう。共同体感覚という絶対の真理に共鳴するために、まずわたしたち自身にどのような教育が必要なのか、わたしたちの文化は問題をかかえる人に対してどれほどの負い目があるのか、推し量ることができます。

70

怠慢とはなにか

共同体感覚がない人は、他人に関心をもたない。やるべきことをやらない怠慢は、そんな他者への関心のなさから生まれる。

怠慢とはふつう、人の安全や健康が、必要な配慮をされずに危険にさらされる場合に使われる言葉です。怠慢は、人が完全に不注意になっていることを示す現象です。注意が不足するのは、周囲の人にあまり関心がないからです。怠慢の特徴を考慮すると、たとえば遊んでいる子どもを見て、自分のことばかり考えているか、他者のことも十分考えているかが読みとれます。この種の現象は、人の公共心や共同体感覚を測る確かなバロメーターです。共同体感覚が十分に育っていない人は、たとえ罰で脅されたとしても他者への関心をもつことがなかなかできません。共同体感覚が育っている人ならば、苦もなく関心をもてたり、すでにもっていたりします。

ですから、怠慢というのは、共同体感覚を欠いている状態なのです。とはいえ、ここであまりに不寛容になるのもおかしいでしょう。期待される関心をもたない理由も、つねに考えていかなければなりません。

71

秘密を打ち明けたとき

特別な超能力をもっていると
ひそかに信じてやまない人がいる。
非現実の世界で優越を得るが
現実の世界で孤立してしまう。
しかし、信頼感のなかで秘密が
打ち明けられれば社会とのつながりを
回復できることがある。

やがて少年が秘密を打ち明けてくれました。「くだらない考えなのはわかってるのですが、ぼくは自分が予言者だと思ってるんです。これはだれにも知られちゃいけないんです」。この数日後、わたしは少年を治すことができました。少年は他者とつきあう気がなく、奇抜にふるまうことで自分を孤立させていました。

少年はクラスメートにからかわれ、殴られていました。自宅では、妹が先を行っていて、ここでも自分の優越を失うという思いが高まり、完全にうろたえてしまいます。自分が抑圧を感じていることを両親に話す勇気はなく、学校では空想に逃げていました。だから、夢の世界で自分を予言者にしたのでした。少年にあった奇妙な表情のゆがみは、両親の注目を引くために以前に考えた動作が基になっています。

少年は自分が偉大だという秘密をわたしにだけは打ち明けられると感じて、構えない態度でいることができました。このお互いの信頼を基にして、少年は他者との関係について話し、考えられるようになりました。わたしが説明し、勇気づけたことも手伝って、人生に適応するという自然な望みをとり戻しました。

72

考え方のパターン

ルールや決まり文句や原則に頼るのをやめる。考え方は変えられる。

「人生をどう生きるか」と「人生をどうとらえるか」は、影響しあう関係です。どちらも、自分の体験を言葉や概念で把握できない子ども時代に生まれます。子どもは、言葉にできない推論、ささいな体験、感情に強く残るけれど言葉にできない経験から、行動の定型を作りはじめるのです。言語化できない時期に作られた考え方のパターンや傾向は、その後も残ります。ただし、これはさまざまな形で弱まります。

共通の感覚（コモンセンス）によっていくらか修正されたり、ルールや決まり文句や原則に頼りすぎることを自分でやめたりできます。

過度に自分を支えて守ったり、重度の不安感や劣等感を表したりすることから解放されるには、共同体感覚によって共通の感覚（コモンセンス）を育てる必要があるのです。

73

学校の役割

学校の大きな役割は、
子どもたちに理想的な
共同体感覚を身につけさせること。
おだやかな会話のなかで示してあげる。

学校の授業で成功するかどうかも、まず共同体感覚で決まります。共同体感覚のなかには、子どもがどう人生を作っていくかがうかがえます。友人関係という課題は今後の共生に大事ですし、それよりも広いクラスメートとの関係には、誠実、信頼、他者と協働する素質、国・国民・人類への関心という必要要素がすべて含まれています。

こうした課題は学校生活につきものであり、専門的なケアが必要になります。学校は共同体感覚を呼び起こし、伸ばすことができるのです。わたしたちの考え方を先生がすっかり身につければ、共同体感覚が足りないことをおだやかな会話のなかで示し、その原因と引きだし方を伝え、子どもと共同体の距離を縮めることができるでしょう。

ふだんの会話のなかで、みんなが共同体感覚を高めれば、子どもの未来や人類の未来が変わってくるとわかってもらえるようになります。そして、戦争、死刑、人種差別、民族差別、あるいは神経症、自殺、犯罪、アルコール依存など、人生における大きな過ちは共同体感覚の不足からきていること、このような過ちは劣等コンプレックスであり、不適切な方法で状況を解決しようとするマイナスの試みであることを実感させることができます。

74

老人特有の雰囲気

年老いていくとき、
自分にふさわしい
自分を作っていく。

現在の文化のレベルでは、年老いていく男女にふさわしい居場所をまだ作れていないのだと、わたしは思っています。この居場所を作れるようにすること、せめて自分で作れるようにすることは、年をとっていく人たちの絶対的な権利です。

とはいえ、残念ながら、現代は協働への意志に限界が見られます。自分の重要性をやたらと主張し、なんでも自分のほうがよく知っているという態度をとり、我慢させられている気持ちにとらわれて他者の邪魔をし、昔はいやだと思っていたかもしれない雰囲気を作る側に回る人がいるのです。

多少の経験を積み、落ち着いて友好的に考えれば、人生の課題によってわたしたちは共同体感覚の成長度をつねにテストされ、その結果を問われていると、だれもがわかるはずです。

75

協力するということ

わたしたちが「徳」と言うとき、
それは協力しているということを
意味する。
「悪徳」とは、協力を妨げることを
意味する。

わたしたちが「徳」と言うとき、それは協力しているという意味で、「悪徳」と言うなら協力を妨げているということです。また、失敗と言われるものは、共同体の成長を妨げるからこそ失敗であることも指摘できます。教育の難しい子ども、神経症患者、犯罪者、自殺者もこれに該当します。どのケースでも貢献が見られません。

人類の歴史上、完全に一人で孤立した人間というものはいません。人類が発展できたのは、人類が共同体となり、完全を目指しながら理想の共同体へ向けて努力していたからです。

このことは、人間のすべての行動や機能に現れています。ただし人間は、理想の共同体で特徴づけられる進化の流れのなかで、理想へ向かう方向を見つけられることもあれば、見つけられないこともあります。なぜなら人間は、共同体という理想によって絶対的に導かれ、妨げられ、罰せられ、褒められ、促されるからです。そのため、個人はどんな方向の誤りについても責任があるだけでなく、償わなければならないのです。

4章

人生に悩まない

価値ある人生を生きれば、
怖いものはなくなる。

76

与える幸せ

受けるよりも与えるほうが幸せである。

虚栄心の強い人は、つねに期待して受けとる存在です。こうした人と、共同体感覚を育てて、「自分にはなにが差しだせるか？」という無言の問いをかかえる人を厳しい目で比べれば、大きな価値の差がすぐに見わけられます。

こうして見ていくと、はるか昔から人がはっきりと感づいていた視点、聖書の賢い言葉にも示される視点にたどりつきます。それは、受けるより与えるほうが幸いであるというものです。

はるか昔の人類の経験を表すこの言葉の意味をじっくりと考えると、ここで言っているのは、与えることや支援することや助けることの気持ちであることがわかります。この気持ちによって自然と内面の均衡や調和がとれるのです。神々からの贈り物のように、与える人に自然と生じます。一方、もらうことを期待している人は、たいてい調和がとれず、満足せず、完全に幸せになるためにあとなにを達成して身につけなければならないかということばかり考えています。

77
お金の魔力

お金は人を引き寄せる。
その魔力に魅了されてはいけない。

わたしたちの文化には、いつもではないにしろ、魔法の力をふるっていると感じられるものがあります。それはお金です。

お金があればなんでもできると言う人はたくさんいますから、野心や虚栄心がなんらかの形でお金や財産と関わっていても不思議ではありません。所有を求める絶え間のない努力が、病気や人種に起因すると考えられるのも理解できます。

けれど、この努力も虚栄心でしかなく、お金という魔法の力でなにかを手に入れ、自分を偉いと感じるために、つねにもっとお金を集める方向に働くのです。

ある裕福な男性で、すでに十分もっているのにさらにお金を求めた人がいます。彼は最初は動揺しましたが、最後には「そうなのです、お金は人を次から次へと引き寄せる力なのです」と認めました。

力をもつことは、現在、お金や財産と強く結びついています。当然のように富や所有を追求しているせいで、お金を求める多くの人が虚栄心に駆りたてられていることにまったく気づけなくなっています。

78

人間は対等

人間は、誰もが対等だ。
仮に自分に他人より
優れたところがあっても、
それを他人に
ひけらかさない。
それは最低限の配慮だ。

他者に対してむやみに優越を見せつけないことは、人に求められる最低限の配慮です。優越を見せつければ人を傷つける可能性があるのです。

ねたみという特徴のなかには、個人と全体の引き離せないつながりが見てとれます。共同体から飛び抜けて、自分の力を他者に披露すると、必ず反対に自分の試みを妨げようとする力が生まれてきます。

ねたみによって、人間に対等や同等を求める行動や対策が引き起こされるのです。こうしてそれぞれの立場に同調するように考えれば、どこかが傷つくと、必ず別のところですぐ反動が起こる人間社会の原理に近づけます。つまり、人間であればだれもが対等であるという原理です。

79

人間を理解するには

他人の心の苦しみを
自分のことのように感じ、
人間の価値に気づくことが
できたなら、
その人は本当に人間のことを
知った人間だ。

人間の理解は第一に、わたしたちの知識を増やすために使われるべきものです。そうして、よりよい成熟した形で精神を成長させる可能性をだれもがつかめるようにしていくのです。

この過程でよく見られる困難は、わたしたち人間が人間の本性を知るという点において非常に敏感なことにあります。研究をしたことがなくても、自分は人間を知っていると考える人は多くいます。人間性への理解を得る手助けをしようとすると、すぐさま傷つけられたように感じる人はもっと多くいます。

こうした人々のなかで本当に人間を知ろうと望む人は、自分の体験や他者の精神の苦しみに対する共感から、なにかしら人間の価値に気づいた人だけです。

80

つつしみ深くする

心は一人ひとり違う。
立ち止まり、よく見て、よく考えて、
それぞれの唯一無二の
その心に潜むものを見つめていく。

危険なのは、人間の本性についての基本的な見解を完成品として他者に当てはめることです。人間を知る学問についてすでに多少知っている人でも、そんなことをされれば傷つけられたように感じるでしょう。この点についてわたしたちは、最初に伝えたことをもう一度言います。

人間を知るにはつつしみ深さが要求されるのです。

子ども時代に身につけたうぬぼれでしかないような認識を、軽率かつ不必要に披露したり、もうなんでもできると誇示したりすることは許されません。大人であれば、なおさら憂慮すべき行為です。ですからわたしたちは、立ち止まり、自分をよく見て、人間の本性を学ぶ過程で得た認識で他者を妨げないよう、ここで提言したいと思います。

81

巧みに非難しない

自分で精神的な問題について
いろいろな分析をしても、
結局は自らなにかに固執していたり
巧みに他人がわるいと
非難していたりする。
その精神の型を見抜かないと
問題は解決されない。

人の動きのラインは変わりません。

人が経験から非常にさまざまな結論を引きだす様子は、日常的に観察できます。たとえば、なんらかの誤りをくりかえす人がいます。誤りを認めさせることができたとしても、そのあとの結果はさまざまです。本人自らもう誤りから脱しようと考えることもあります。ただしこの結論はまれです。あるいは、もうずっとこうしてきたから、いまさら変えられないと答える人もいます。別の人は自分の誤りを親のせいだと言ったり、漠然と教育のせいにしたりします。そして、自分にかまってくれる人がいなかったとか、甘やかされたとか、ひどく厳しく扱われたとか言って、誤った認識に留まるのです。この態度からわかるのは、ただ隠れていたいという思いだけです。こうしていれば、いつも用心深くうわべを正当化して、自己批判から逃れられるのです。自分は責任を負わず、達成できなかったことはいつでもすべて他の人のせいにします。このような人は、誤りを克服する努力を自分ではほとんどしていないことに気づいていません。むしろ、ある種の情熱をもって誤りに固執しながら、自分が望むときだけひどい教育のせいにしているのです。

82

刺激は必要

面倒に思える外の世界も、
その刺激がなければ
わたしたちは人間でいることさえ
できない。

精神生活の機能を眺めると、1つの生まれつきの能力を育てていることがわかります。個人の状況により攻撃と防御のどちらが求められるか、それに応じて精神器官を攻撃器官や、防衛・防御・防護の器官にする能力です。つまり、精神生活というのは攻撃と防御の双方に備える手段であり、世界に反応して個人の存続と成長を確保する手段と考えられます。この条件を把握しておけば、わたしたちが精神と考えるものを理解するために重要な条件もわかります。それは、孤立した精神生活は想像できないということです。

精神生活は周囲のすべてとつながり、外界の刺激を受けてなんらかの反応を示します。そこには、環境に対抗して、または環境と連携して個人を守り生命を確保するのに必要な能力と力があります。

83

人間の条件

人間は分業することで生き残った。
人嫌いでも文化のなかで暮らしたいと
願うなら、なんらかの方法で
分業の一端を担うことだ。

人生の条件は、思考によって生きる場合は社会による制約を受けます。人間の共生や、そこから自ずと生じるルールや法則性が人生の条件となるのです。共生を求められて、人は関係を作ります。人と人の交わりは最初から当然のこととして、「絶対の真理」として存在しています。人間が個々に生きるようになる以前に共同体があったからです。人間の文化の歴史に、社会的でなかった生活はありません。人間が存在するところには必ず社会があるのです。これは簡単に説明できます。動物界全体の法則、基本性質として、自然に立ち向かえる能力を示せない種は、まず連携して力を集め直してから、改めて独自の方法で外界に向かいます。連携は人類にとっても有効なため、人間の精神器官には、共同体で生きる条件がいくつもたたき込まれました。すでにダーウィンが、単体で生きる弱い動物は見つからないと指摘しています。そしてこれは、人間にはとくに言えることだと考えなければなりません。人間は一人で生きられるほど強くはないからです。

共生の必要性が判明したのは、個人が果たすべき課題を分業という形でなら達成することができたからです。分業することでのみ、攻撃や防御の武器など、身を守るのに必要なすべてのものが調達できました。これがいま文化という言葉でまとめられているものです。

84

人間の永遠の課題

自然のなかでは人間は劣った存在だ。この劣等感がわたしたちの精神を刺激する。その刺激をどう生かすかが人間の永遠の課題となる。

自然という観点から見ると、人間は劣った存在だということです。けれど、人間に備わったこの劣等、自分に足りない部分があって安心できないと感じさせるこの劣等は、ずっと続く刺激として働きます。人生に適応し、将来の準備をし、自然における人間の立場のデメリットを補う状況を作っていく刺激になります。適応や安全確保ができたのも、精神器官があったからです。

実際にすばやく人間を助けたのは精神器官以外になく、生命体として劣った部分を補ってくれました。そして、自分は不十分だという絶え間のない感覚から生まれる刺激があったからこそ、人間は将来を予測する目を発展させ、思考をつかさどる器官、感情をつかさどる器官、行動をつかさどる器官として、現在見られるような精神を育てたのです。精神器官に助けられたり適応を目指したりするときには、社会も重要な役割を果たすため、共同体で生きる条件が最初から考慮される必要がありました。精神器官の機能はすべて、社会生活を土台として育てられています。人間のどんな思考も、共同体にあうようなものでなくてはなりませんでした。

進歩の過程を想像すると、共生という論理の起源に行きつきます。

85

他者とつながれ

美や善は
他人と共有できるときにのみ
立ち上がる。
美や善を求めるならば、
同じように美や善を求める
他人とつながれ。

わたしたちの思考や感情も、前提として普遍妥当性がある場合にだけ理解できるものになります。美しいものに対して感じる喜びも、美と善の感覚や評価も、みんなで共有されなければならないことを理解したときだけ成り立ちます。こう考えると、理性、道理、倫理、美的感覚といった概念は、人間の社会生活のなかでしか生まれないこと、そして同時に文化を崩壊から守るつなぎの役割もしていることがわかります。

個々の人間の状況を見れば、その人がなにをしようとしているかも理解できます。意志とはまさに、不足感から充足感へ向かう動きです。この動きのラインをぼんやりと感じて足を進めることが、「なにかをしようとする思い」なのです。どんな思いも、不足感や劣等感から始まっています。そして、満たされた完全な状態を目指す傾向を作っていきます。

86

孤立しない

分業は、
人をわけるものではなく、
結びつけるもの。

他者と生きるからこそ、個々の生きる意欲は満たされ、安全と生きる喜びが保証されます。孤立していては不可能です。子どもの成長が遅いことを考えると、守ってくれる共同体があったときにだけ、人間は生きてこられたことがわかります。

また、他者とのつながりは、必然的に分業を生みだしました。分業は人をわけるものではなく、結びつけるものです。だれもが他者を助けなければなりませんし、他者とつながっていると感じる必要があります。そうすることで、人間の精神に求められる大きな結びつきが成り立つのです。

87

比べる理由

人間は社会に生きるなかで、
他人と比較されるようになった。
そこから優越への切望や、
競争での勝利への欲求が生まれた。

子どもの空想を調べると、自分の力をどうとらえるかが重要な要素であること、そこには必ず野心という目標が反映していることがわかります。ほとんどの空想は「いつか大きくなったら」などの言葉で始まります。いつまでも「大きくなったら」と思っているような態度の大人もいます。

こうしてはっきり現れる自分の力のイメージを見ても、精神生活が成長できるのは、まず目標があるときだけだということがわかります。人間の文化におけるこの目標は、認められるという目標です。この目標が無難に収まることはありません。人間の共生には他者との比較がつきまとい、優越への切望、そして競争に勝ちたい欲求が生じるからです。だからこそ、子どもの空想に見られる予見の形は、自分の力の想像という形をとるのです。

88

目標の立て方

わたしたちはつねに
目標を選択している。

劣等感、不安感、不足感によって、人間は人生で目標を立てることを強いられ、目標の形成が促されます。

優越という目標の設定は、共同体感覚がどのくらいあるかによっても決まります。目標は、もし達成すれば優越を感じられたり、生きがいがあると思えるくらい自己を高められたりする形で設定されます。この目標はまた、人の感情に価値を与え、知覚を導いて影響を与え、イメージを作り、創造力を操りもします。わたしたちは創造力によってイメージを作り、なにかを記憶したりしなかったりします。感情も絶対の要素ではなく、精神生活にみなぎる目標追求の思いに影響されています。わたしたちの知覚には選択肢はありますが、隠された特定の意図によって選択されます。想像にも絶対的な価値はなく、目標の影響を受けています。また、わたしたちはどんな体験からも、目標の継続にあいそうな面を見いだそうとします。そう考えると、やはりすべてに条件がつけられ、確かな固定した価値があるように見えているだけだとわかります。

89

人間は二通り

人間は2つにわかれる。
内面の出来事を
よく理解できているか、
それとも理解できていないか。

人間を2つにわけることができます。内面の出来事をよくわかっているか、あまりわかっていないか、つまり、意識の領域が大きいか小さいかというわけ方です。多くの場合、これは、人生の小さな領域に注意が集まっているのか、それとも多方面につながって、人生や世界の出来事という大きな領域に関心があるのかに符合しています。苦境にあると感じている人は、人生の小さな部分に自分を限定していますし、人生からやや顔をそむけている人は、共生に前向きな人ほどはっきりとは人生の課題が見えていません。関心が限られているので、細かいことは把握できないのです。人生の課題のごく一部しか見ず、全体を眺めることはできません。

全体に目を向けることに労力をとられるのを避けているのです。

90
社会のなかでの人間

善人だと思っている人が
エゴイストだったり、
逆にエゴイストだと思っている人が
善人だったりする。
人を見るとき重要なのは、
社会のなかで見せる
全体的な態度だ。

人生に対する自分の能力を知らないで過小評価している人が、自分の誤りについても十分に把握せず、本当はエゴイズムから行動しているのに自分を善人だと思っていることはよくあります。

反対に、自分をエゴイストだと思っている人が、よく見ると、きちんと話の通じる相手だとわかることもあります。

人が自分のことをどう思っているか（または、他者からどう思われているか）は、重要ではないのです。重要なのは、社会のなかで見せる全体的な態度です。人が社会でなにを望み、なにに関心をもつかは、この態度によって決まり導かれます。

91

人間の本質

邪魔になる考えはわきにおき、
自分の態度を後押しする考えは
拾いあげる。
それが人間だ。

周囲にも自分にも見つけられたくない考えというのがあります。だから、この考えは彼にとって無意識のままでいるのがよかったのです。

こうした人は、それまでの態度を維持するために、自分にも主要な動機を明らかにすることを許しません。もしこの動機を本人に理解させれば、精神のメカニズム全体を乱してしまいます。本人が防がなければならないと思っていたことが起こるからです。意識して考えてはいけない思考のプロセス、自覚すると目標の邪魔になる思考のプロセスが明らかになってしまいます。邪魔になる考えはわきにおき、自分の態度を後押しする考えは拾いあげるというこの現象は、よく見ると、ごく人間的な現象だとわかります。人間はみんな、自分の考えと態度に必要なものしか見ないからです。ですから、わたしたちを助長するものは意識され、理屈の邪魔になりそうなものは無意識の状態に留まるのです。

92

弱さを埋めるもの

人生の困難を克服し、
本当の優越を獲得すること。
それを、回り道をするように
他人と生きながら目指す。

個人心理学で言う共同体感覚とは、個人の生まれつきの弱さをすべて、本当の意味で必ず埋め合わせてくれるものです。生物学的に見ても、人間は明らかに社会的な存在です。十分に成長するまで、他者に依存する期間をほかの動物よりもずっと長く必要とします。存在するためにはかなりの協力と社交が必要なので、自発的に社会に尽力しなければなりません。

教育の第一の目的は、この努力を促すことです。他者と生きる共同体感覚は生まれつきのものではありません。意識して育てなければならない生来の可能性です。

母親は、子どもの行動に、最初の重要な変化、人間だけに見られる変化をもたらします。母親の影響を受けて、子どもは願望や身体器官の衝動をはじめて抑えます。望むものを求めるときに、ゆっくり進めたり回り道をしたりするようになります。

あらゆる努力の目標は、人生の困難を克服して優越を獲得することですが、この目標はほとんど無力だという感覚から始まる子ども時代の刺激にもなります。

93

勇気が生まれるとき

本当の優越が共同体感覚と
結びつくとき、
本当の楽観や勇気が
生みだされる。

母親がすべきは、自分の努力で成功する自由や機会を子どもに与えること、その結果、子どもがライフスタイルを確立し、だんだんと役に立ちながら優越を追求できるようにすることです。

子どもに自主性を与え、家庭や世界という周囲の状況について、スタートとなる真の理解を授けているかぎり、共同体感覚、自立心、勇気が育てられる様子を目にすることになるでしょう。

子ども本人も、他者と仲間や友人になり、よく働き、本当の愛を実行することに目標を見つけていくでしょう。

こうして人生を始めれば、絶えることのない優越への思いが共同体感覚と結びついて、人生のプラスの側における楽観的で勇気のある活動につながるのです。上を目指す個人の努力のなかにどのくらい共同体感覚があるかによって、人間のあらゆる感覚は、人生を通して変わっていきます。

94

恋愛に勝ち負けはない

恋愛に勝ち負けはない。

この女性には男友達はたくさんいましたが、恋をしたことはありませんでした。23歳のとき、彼女は恋と思える感情を抱きます。いままでのだれよりも相手のことが好きになり、二人の関係は性交に進みます。この自由な性的関係は、自立を求める彼女の努力の一部でした。そこには、父親への抵抗と、男性のようであろうとする決意が表れています。しかし相手の男は心変わりをし、しばらく姿を見せなくなりました。この敗北に耐えられなかった彼女は、相手を引きとめようとしました。

時間がたって、新しい恋人ができました。けれど幸せではなく、恋人とけんかばかりして、結婚しようとはしません。恋人はしばらく離れていたほうがよいと考え、アフリカへ旅立ちます。しかし、幸せでない彼女の様子は変わらず、今度は最初の恋人のことをやたらと思いだすようになりました。彼女が恋人とけんかばかりするのは、結婚しない言い訳に使っているからです。既婚者になってもう手に入らない元恋人のことを思い返すのも同じことです。

95

なにを美しいと思うか

他人とつながれば
世界を自分の家のように感じられる。
人がもつ理想は、決して消えない。
やがて美に対する感覚が
人生につながっていく。

子ども時代に社会生活への準備をきちんとしてきた人であれば、性的生活で大きな困難をかかえたりはしないでしょう。

勇気、楽観的な態度、共通の感覚（コモンセンス）があって、世界をわが家のように感じられるなら、よいことにもわるいことにも落ち着いて向きあえるでしょう。

優越という目標が、人類に貢献して創造力で困難を克服しようとする考えになるはずです。

こうした人は、ふつうの性の表現から外れることを望ましくないと感じて本能的に避けます。人生のプラスに向かう目標があるので、適切な形で愛にアプローチできるように感情も行動も整えられます。思春期の交際や友人の体験談が愛に向けての訓練になり、自分の役割がはっきりしてきます。たとえ合わない相手と結婚していやな経験をしてもまっすぐ進んでいきます。

社会生活や仕事や美に対する理想は、ふつうの失敗をしても消えず、なにを美しいと思うかの感覚が、人生に適応することは美しいという思いにつながってくるのです。

96

承認欲求

あなたは他人からの承認や評価を
必要以上に求めていないか。
行動するその前に
それらを求めていないか。

甘やかされた原型をもって育った神経症患者は、社会に価値のあることをしたあとではなく、する前に承認されることを期待します。物事の自然ななりゆきが、都合よく逆転することを期待しているのです。

この患者には、より広い世界の環境をわが家のように感じるための訓練をしなければなりません。

そして、世界が本当に求める必然の要求に気づくまで、患者を勇気づける必要があります。まずは仲間として患者の信頼を得て、次にこの新たな信頼を他者にも広げ、現実の人生のよいことにもわるいことにも向かわせるのです。

97

孤立から解放される

心を軽くすることは難しくない。
孤立や不安に襲われることから
解放されたいなら、
自分の行動を
社会全体の利益につなぐ
努力をすればいい。

人の行動に見られる違いで本当に重要なのは、その人が巧妙かどうかではなく、行動が役に立つか立たないかの違いです。

ここで役に立つというのは、人類全体の利益になるかという意味です。どんな活動でも、その価値を適切に評価するためには、現在と未来を通して人類全体の助けになるかを考えます。これは、直近の生命の保存だけでなく、宗教、科学、芸術など、より高度な活動にも適用される基準です。この観点から見て価値があるのはいったいなんなのか、必ずしも決められないのは本当です。

けれど、どんなときに刺激を受けて役に立つ行動をしようとするのか、わたしたちは知っています。人は社会によく適応するほど、本当の認識に近づくのです。自分を孤立させたり後退させたりしている人が、有用な可能性を見つけたり得たりすることはあるかもしれません。それでも、その人や他者が社会のために活動して可能性を実現するまでは、社会が利益を受けることはないのです。

98

よりよい人生とは

仲間とともにある感覚。
その感覚を知り、
高めることを学んだ場合のみ、
人生はよりよい方向に向きだす。

人生の進む方向が本当に社会的なものなのか、それとも非社会的なものなのかは、現実と接触する様子に現れます。人生がよいほうとわるいほうのどちらに進むかは、おそらく時間がたってからはっきりと見えてきます。

人はその結果に驚き、偶然だとか遺伝だとか運命だとか言って説明しようとします。でも本当は、個人の目標のなかに備わる社会的、または非社会的な感情から結果がもたらされているのです。子ども時代へ跡をたどれる非社会的な傾向や誤りは、家族全体の行動や、国の思想にも見つかることがあります。こうした誤りの回避を期待できるのは、共同体感覚を高めることを学んだ場合だけです。

この方法だけが、有害で価値のない活動からわたしたちを守ってくれます。

99

大実業家の罪

大実業家が他人を犠牲にして自分の利益を増やすのは、どこか犯罪者に似ている。社会、仕事、愛の課題すべてではなくどれか1つだけで優越を得ようとするからだ。

犯罪傾向の発達は、やたらとスポーツに熱中するのと似たようなところがあり、記録を破りたい願望がときにはっきりと現れます。

犯罪のとくに強い刺激の1つは、法律や警察に打ち勝つ感覚です。自分の手で世界を参らせたと感じられるため、人生のマイナスの側で大きな満足が得られます。

個人の優越という目標があると、人生の3つの課題のうち1つだけがクローズアップされます。成功の理想が、社会での評判か、仕事での成功か、性による征服のどれかに不自然に限定されるのです。そのため、社会での名声を求める人が好戦的で嫉妬深かったり、大実業家が他者を犠牲にして自分の利益を増やしていたり、浮気性の人がドン・ファン願望を抱いていたりする様子が見られます。こうした人はみんな、人生で求められる多くのことを果たさずに人生の調和を崩します。そして、限られた行動範囲内をいっそう必死に突き進んで埋め合わせを行おうとします。

100
人生の3つの問題

他者と関わりあいながら
「生活」「仕事」「愛」、
これらに自分のライフスタイルで
答えを出す。

人生で起こるすべての問題は3つにわけられます。他者との生活、仕事、愛です。おわかりでしょう、この3つの課題はたまたま遭遇するものではなく、わたしたちが絶えず否応なく遭遇し、逃げられないものです。

3つの課題に対する態度は、ライフスタイルによってわたしたちが返す答えなのです。課題はそれぞれ深く結びつき、正しく解決するには、どれも十分な共同体感覚が必要になります。ですから3つの課題に対する態度には、多かれ少なかれ個人のライフスタイルが反映することがわかります。

差し迫った問題がなかったり不利な状況でなかったりすればライフスタイルはあまり強く現れませんし、個人の適性が厳しく問われる状況ならばかなり強く現れます。

101

どう行動するか

どう行動するか、それこそが生きる意味。

どんな行動も人格全体から生じ、そのなかにライフスタイルをかかえているのです。どのような現れ方をしても、統一された人格から生じていて、そこには矛盾も対立も2つの魂もありません。無意識と意識では別人などというのは、人為的にわけているだけで、精神分析への狂信からしか生まれないものです。意識がどれだけ繊細で微妙かよく理解している人であれば否定するでしょう。

人がどう行動するか――それがその人にとっての生きる意味です。

102

2つの行動

行動には2つの要素がある。
1つは劣等感から完全に向かう要求。
もう1つは行動する人の共同体感覚。
前者は克服を目指す欲求で、
後者は上へ向かうこの行動に
色を添える。

行動を解釈するには、２つの要素を見ます。

１つは幼少期から続く要素で、マイナスの状況からの克服を目指し、劣等感から完全を求め、緊張の解消へ向かう欲求です。この要素は子ども時代にはもう独自のさまざまな形で習慣づけられ、その後の人生でもずっと同じ形で行動として現れます。

もう１つの要素では、行動する人の共同体感覚、また共生への準備がどのくらいできているか、どのくらい足りないかを見ます。相手のものの見方、聞き方、話し方、ふるまい方、働き方に対するわたしたちの判断、そして、あらゆる行動の評価と区別は、他者への貢献という価値を基準にして行います。

行動は、人間同士の関心という内面の領域で育てられるので、どこをテストしても貢献への準備がどのくらいできているかがわかります。

途切れることなく時間が推移していくなかで行動を主導するのは、１つ目の克服を目指す欲求です。２つ目の共同体感覚の要素は、上へ向かうこの行動に色を加えます。

103

劣等感はだれでもある

自分が不十分と感じることは
前向きな苦しみとなり得る。
それが生きる意味となり、
人類が前へと向かう
文化の流れを生みだした。

人間であることは劣等感をもつことだと、わたしは以前から指摘してきました。もしかすると劣等感をもった記憶のない人もいるかもしれません。この表現を苦々しく感じて、別の名前を選ぶ人もたくさんいるかもしれません。

自分が不十分であることを感じるのは前向きな苦しみです。少なくとも、課題や欲求や緊張を解消するまでずっと続く苦しみです。これは生まれつき与えられた感情で、解消の必要なつらい緊張に似ています。

赤ん坊は満たされていないことを自分の動きで伝え、より完全な状態を目指して、生きるために必要なことを満たそうとします。同じように、人類の歴史的な行動も、劣等感とそれを解消する挑戦の歴史だと考えられます。

完全を目指す努力を続けることで、目の前の現実を克服して、よりよい現実へ向かっていけるのです。このような前へ向かう文化の流れがなければ、人間らしい生活はできません。

104

劣等感こそ恵み

劣等感こそ、
人間に与えられた自然からの恵み。
劣等感を真正面から見つめて
自分の成長の基盤にする。

もし人間が自然を自分の有利になるように使ってこなかったら、その力に押しつぶされていたはずです。

人間には、強い生物がもつような自然界で生き抜いていける優れた特徴がありません。しかし人間は、寒くなれば、より環境に適応した動物から毛皮を奪って寒さをしのいできました。身体的に弱いからこそ、自分たちの手ですみかを作り、調理をしてきました。

人間の生存は、仕事を分担し、十分に人数を増やすことでやっと確保されています。肉体も精神も、つねに克服や確保を目的にして働いています。さらに、生命の危機や死についても知識をもっています。

自然からこんなにも冷たく扱われる人間に、恵みとして強い劣等感が与えられていることはだれの目にも明らかです。この劣等感が人間をプラスの状況、生命の確保、克服へと向かわせます。人類の成長の基盤として染みついた劣等感に反抗せずにいられない欲求は、それぞれの赤ん坊や子どものなかで新たに呼び起こされ、くりかえされていきます。

105

未来の作り方

子どもの遊びはいつも未来の目標に向けられる。

子どもは、よほどの障害がなければ、上へ向かう成長の流れにすでに乗り、肉体と精神の発展を促されます。子どもにも、克服を目指す努力が植え込まれているのです。

体が小さい、弱い、自分で自分を満足させられない、多少放っておかれるなどの要素が、子どもが力を発揮する刺激になります。か弱い存在であることに抑圧されて、新しい、もしかするといままでになかった人生の形を作っていきます。

遊びはいつも未来の目標に向けられ、条件反射では説明できない創造力を示しています。

106

攻撃態勢

人間は世界の主にはなれない。
だから、人生で出合う課題に
わたしたちは創造的な
攻撃態勢をとる。

目標のない行動はけっしてありません。そして、この目標はけっして達成できません。なぜなら人間には、世界の主になることはできないという原始的な理解があるからです。そのため、もしそんな考えが浮かんでも、奇跡や神の全能の領域にもっていきます。劣等感は内面を支配します。劣等感の存在は、完全でない、完成していないと感じる思い、そして、人間が絶え間なく努力することから理解できます。

日常や人生で出合う無数の課題は、個人に攻撃態勢をとらせます。どんな行動も、未完成から完成へ向かって進みます。

進化の強制で生じたこの「攻撃態勢」はライフスタイルからできたもので、全体の一部であるという結論に達しました。攻撃性をまったくの悪、生まれつきのサディスティックな衝動と解釈するのは、理屈に合いません。

107

行動の正しさと基準

共同体感覚があるから、
行動の正しさを測ることができるし、
その基準が各人に試練を与える。
恐れず、それを受け入れればいい。

人間の肉体や精神が完全に成長するのは、追求すべき理想の共同体に個人がしっかり適応して、努力、貢献しているときです。自覚の有無にかかわらずこれができる人物と、やろうともしない人物のあいだには、大きな溝があります。両者が相いれないから、世界はささいな口論や大きな争いに満ちているのです。

努力する者は人類の幸福を築いて貢献します。

したがって、個人と社会がどの方向へ発展するかは、共同体感覚がどのくらいあるかで決まっています。共同体感覚があることで、行動が正しいか正しくないかを判断する確かな立脚点が得られます。そこから道が示され、教育や治療も、道を外れたときの判断も、驚くほど確実になってくるのです。このとき使われる判断基準は、科学的な実験で使われる基準よりもはるかに厳しいものです。

人生はわたしたちを試します。どんなにささいな行動からも、共同体に対する距離と方向を調べることができるのです。

108

人類の進化

人類の進化はまだ十分ではない。
未来はきっと、各人の人生に
共同体感覚が深く
とり入れられているはずだ。

わたしたちがいまだに共同体感覚を強める必要性や、それを達成するために共同体感覚そのものについて考えなければならないということは、わたしたちの進化が十分なレベルにまで達していないということです。いまのわたしたちが、呼吸や直立歩行、さらには網膜に入ってくる光の情報を静止画として見ることを当然に思っているように、未来にはきっと共同体感覚がもっと深く人生にとり入れられているはずです。

人間の内面で共同体を支配する要素、つまり「汝の隣人を愛せよ」という意味を理解していなかったり、褒められるか怒られるかで動く人間のなかに「内なるなまけ者」を見つける努力しかしていなかったりする人でも、成長を目指す人類の役に立ちます。こうした人は、奇妙に誇張した形で成長の遅れを示しているだけなのです。彼らの劣等感は、他者はみんな価値がないと思い込むことで、一方的なバランスをとろうとします。

109

理想的な共同体

人生は人に、理想的な人間関係の課題を突きつける。

人生は共同体の課題を解くことを求めます。ですから、行動を作る材料をたとえ過去から得ていたとしても、どんな行動もつねに未来を向いているのです。

共同体感覚、あるいは共生、協力、人間性、理想の自我などなんと呼んでもいいのですが、これが不足していると、人生のあらゆる問題に対する準備ができなくなります。準備が足りなければ、問題に直面したとき、あるいは問題のまっただなかにいるとき、肉体と精神の劣っているところや自信のないところがさまざまな形で現れます。すると、早い段階からあらゆる種類の劣等感が呼び起こされます。それほどはっきりした形ではないのですが、性格、行動、ふるまい、劣等感から来る考え方、前進からの逸脱に現れてきます。

110

自己中心の結末

すべての性格は生まれつきのものではない。

自己中心的な傾向を育てた結果、他者を抑圧し、いつでも甘やかされ、もらうばかりで与えないのが当然だと思うようになります。この傾向を1、2年も鍛えれば、共同体感覚の成長と協働の素地が断ち切られます。

他者に寄りかかったり、他者を抑圧したりしていると、共生や協働を求める世界から抵抗を受けます。甘やかされた子どもはこの抵抗を克服できません。幻想を奪われた子どもはすべてを他者のせいにして、人生ではみんな敵だと思い込みます。

「人生になんの意味がある？」「どうして隣人を愛さないといけない？」。彼らの問いは悲観的です。積極的に協力するという共同体からの要求に従ったとしても、ただ反動や罰が怖くて従っているだけです。社会、仕事、愛という課題に直面した彼らは、社会への関心を育てず、ショックを受けて、そのショック作用を肉体と精神に感じます。そしてショックに応じて、敗北を体験してから、あるいは体験する前に後ずさります。それでも、自分に起こるべきでないことが起こったという、子どものころからの態度は崩しません。

こうして見ると、すべての性格は生まれつきのものでなく、ライフスタイルとの関係を表していることもわかるでしょう。

111

宇宙が知っていること

未来に続くどの道が正しいのか、
宇宙は知っている。
その考えが宗教や道徳、倫理、
人類全体の幸福を促す
原動力となった。

わたしが語っている積極的な適応は、それが現在の状況やすべての生命の死と結びついているという幻想とはまったく違います。わたしが語っているのは、「永遠を眺めるような目」で行われる適応です。はるか未来でも正しいと認められる肉体と精神の成長のみが「正しい」からです。

どの道が唯一の正しい道なのか、わたしたちは知らないのです。人類の成長という最終目標を思い描こうと、さまざまな試みがなされてきました。宇宙が生命の維持に関心をもっているはずだという考えは、ほとんど敬虔な願いでしかありません。

しかしこの考えは、宗教、道徳、倫理で、人類全体の幸福を促す強力な原動力として使うことができるもので、実際にそのように使われてきました。

112

神とはなにか

神という概念には
人間の完全へと向かう
精神の動きが含まれている。
神がいるから、人を律する目標を
打ち立てられ、
人間同士のつながりを作り、
共同体感覚の力を生みだせた。

人類の理想的な誘導で得られた最高の概念が、神です。神という概念にはそもそも完全へ向かう動きが目標として含まれていること、完全に到達しようとする人間のぼんやりした憧れに具体的な目標としてもっとも適していたことは間違いありません。もちろん、みんなが思い描く神は、それぞれ違っているようです。始めから完全な理念にまでは達しなかった神の概念もあるでしょう。けれども、その大本では、完全という目標を具体的に把握することに成功したと言えます。

人を律する宗教的な目標を打ち立てるのに役立ち、人間同士のつながりを作った根源的な力は、進化の成果と見るべき共同体感覚の力、進化の流れのなかで上を目指す追求の力にほかなりません。

113

集団を導くには

他人を支配しても
神にはなれない。
その目標はだれもが
求める目標ではないからだ。
すべての人に当てはまる
普遍の目標だけが真理となる。

人間の数々の失敗や神経症患者、精神疾患患者、犯罪者、アルコール依存症患者などと対面する医師は、彼らのなかにも完全という目標があるのを観察しています。けれど、彼らの目標の方向は理性に反していて、正しい完全という目標があるとは認められないのです。

たとえば、他者を支配することでこの目標を実践しようとする人がいたら、その人の完全という目標では、個人や集団を導くことはできないでしょう。なぜなら、この目標はだれにでも当てはまるものではありませんし、進化の強制に反し、現実をねじ曲げていて、真理とその信奉者におびえながら自分を守るしかなくなるからです。他者に依存することを目標にした人がいたら、その人の完全という目標も理性に反しているでしょう。

114

成就とはなにか

わたしたちは絶対の真理を
もち合わせない。
だからこそ、自分たちの未来について
考えるのだ。

共同体感覚とは、人類が完全という目標に到達したときに考えられるような、「永遠」にふさわしい形の共同体を追求するということです。けっして、いま現在の共同体や社会とか、政治的・宗教的な形式のことを言っているわけではありません。「完全」にもっともふさわしい目標とは、人類全体の理想的な共同体、進化の最終的な成就を意味する目標です。

わたしたちは、絶対の真理には恵まれていません。だからこそ、自分たちの未来、自分たちの行為の結果などについて考えるほかないのです。わたしたちの考える共同体感覚は、人類の最終形であり、人生の課題や外界との関係をすべて解決したと思える状態でもあります。

人を律する理想で、方向を与える目標です。この完全という目標には、理想の共同体という目標が含まれていなければなりません。わたしたちが人生で価値があると思うもの、すでに存在してこれからも存在し続けるものはすべて、未来のために共同体感覚が作りだしたものだからです。

115

正しいこと

道徳、宗教、政治……。
どのような流れも
人類全体の幸福という目標に
導かれているのであれば、正しい。

わたしは、道徳と宗教のどちらの流れも、政治的な動きも、生きる意味にかなうことを目標にしてきたことを確信しています。絶対の真理である共同体感覚に迫られて発達してきたことを確信しているのです。

道徳と宗教に対する個人心理学の視点は、学問的な知識によって定まっています。そしておそらく、知識としての共同体感覚をさらに育てようとする直接的な試みによっても決まっています。

つまり、流れの方向が人類全体の幸福という目標で導かれている確固たる証拠があるなら、わたしはどんな流れも正しいと見なすでしょう。流れが人類全体の幸福と反したり、聖書のカインの問い「なぜ隣人を愛さなければいけないのか？」が含まれていたりするのなら、わたしはどんな流れも間違っているととらえるでしょう。

116

発展に貢献

人類の発展は先人による永遠に
消えない挑戦のうえに作られる。
わたしたちは人類の発展に
貢献できたときのみ
永遠の価値を得る。

人類の幸福や発展は、先人による永遠に消えない挑戦のうえに作られます。先人の精神は永遠に生き続けて滅びません。これは、あとに続くわたしたちの精神でも同じです。こうした精神のうえに、人類の存続があります。これを知っているかどうかではなく、大事なのは事実です。暗闇で手探りをすることが多くても、正しい道という問いはもう解けたとわたしは思っています。

決定するつもりはありませんが、1つ言えることがあります。それは、個人や集団の動きは、永遠に値する価値、人類全体の発展に向けた価値を作るときだけに、価値があると見なされるということです。この主張を弱めるために、自分や他人の愚かさを言い訳にしてはいけません。大事なのは真理を手にしていることではなく、真理を求める努力であることは明白です。

出　典

『生きる意味』アルフレッド・アドラー 著／長谷川早苗 訳（興陽館）
『なぜ心は病むのか』アルフレッド・アドラー 著／長谷川早苗 訳（興陽館）
『人間の本性』アルフレッド・アドラー 著／長谷川早苗 訳（興陽館）
『性格の法則』アルフレッド・アドラー 著／長谷川早苗 訳（興陽館）

アルフレッド・アドラー Alfred Adler

1870年-1937年。オーストリア出身の精神科医、心理学者、社会理論家。
フロイトおよびユングとともに現代のパーソナリティ理論や心理療法を確立し、個人心理学を創始した。
実践的な心理学は、多くの人々の共感を呼び、アドラーリバイバルともいうべき流行を生んでいる。

翻訳
長谷川早苗（はせがわ さなえ）

独日翻訳者。訳書に、アドラー『生きる意味』（興陽館）、セドラチェク&タンツァー『資本主義の精神分析』（共訳、東洋経済新報社）、ラルセン他『メディカルヨーガ』（ガイアブックス）、ビットリッヒ『HARIBO占い』（阪急コミュニケーションズ）他。

構成
星野響（ほしの ひびき）

書籍や雑誌の編集者を経て、現在はフリーのライター&エディターとして活動。これまでに、一流科学者から市井の人まで1000人以上を取材。その傍ら、数多くの実用書や自己啓発書の単行本の制作に携わる。

こころを軽くする言葉
対人関係の不安を消す

2021年2月15日　初版第1刷発行

著　者　アルフレッド・アドラー
訳　者　長谷川早苗
構　成　星野 響
翻訳協力　株式会社トランネット
https://www.trannet.co.jp/
発行者　笹田大治
発行所　株式会社興陽館
〒113-0024　東京都文京区西片 1-17-8 KSビル
TEL：03-5840-7820　FAX：03-5840-7954
URL：https://www.koyokan.co.jp
装　丁　小口翔平+奈良岡菜摘+阿部早紀子（tobufune）
校　正　新名哲明
編集補助　久木田理奈子+渡邉かおり
編集人　本田道生
印　刷　惠友印刷株式会社
D T P　有限会社天龍社
製　本　ナショナル製本協同組合

ISBN978-4-87723-269-6 C0011

なにが、神経症を
引き起こすのか

問題のある子ども

問題のある子ども

なにが、神経症を引き起こすのか

THE PATTERN OF LIFE

アルフレッド・アドラー

Alfred Adler

坂東智子 訳

心はどのように
壊れていくのか。

アドラーの講義を紙上再現。
具体的アドバイスで解決！

興陽館

アルフレッド・アドラー
坂東智子＝訳

本体 2,600円+税

ISBN978-4-87723-267-2 C0011

子どもたちの心はなぜ壊れたのか！
子どもの症状や生育歴の資料を読み、
実際に子どもや親と会って問いかけながら解決を導く。
アドラーの具体的な手法が聴講できる本。

なにが人生を
決めるのか

生きる勇気

生きる勇気

なにが人生を決めるのか

The Science of Living

アルフレッド・アドラー

Alfred Adler

坂東智子 訳

勇気づけで
人生は変わる。

アドラーが一番書きたかった
アドラー心理学の代表的名著。

アドラーの「個人心理学」がわかる本。

アルフレッド・アドラー
坂東智子＝訳

本体 1,700円+税

ISBN978-4-87723-261-0 C0011

人は幼少期の経験に一生を左右される。
子ども時代をいかに乗り越えて大人になるのか。
アドラーが、乗り越えるべき人生を科学的に解明した勇気の書。

あのひとの心に
隠された秘密

性格の法則

性格の法則

あのひとの心に隠された秘密

Understanding Human Nature II

アルフレッド・アドラー

Alfred Adler

長谷川早苗 訳

他人をけなすひと。
悲観的なひと。
嫉妬深いひと。

「人間の性格」はどうつくられるのか。
心理学の巨匠アドラーの
「性格の心理分析」。

興陽館

アルフレッド・アドラー
長谷川早苗＝訳

本体 1,500円+税

ISBN978-4-87723-256-6 C0011

心理学の巨匠の性格論。
野心家、嫉妬深い人、不安にかられる人。
あのひとはなぜ、そうなったのか？

いつも不安な
ひとの心理

なぜ心は病むのか

なぜ心は病むのか

いつも不安なひとの心理

Problems of Neurosis

アルフレッド・アドラー

Alfred Adler

長谷川早苗 訳

自殺願望、
統合失調、躁うつ病、
アルコール依存症。

ケーススタディから探る「神経症というもの」。

アドラーの名著。
『Problems of Neurosis』邦訳。
なぜあなたはこんなに不安なのか。

アルフレッド・アドラー
長谷川早苗＝訳

本体 1,600円+税
ISBN978-4-87723-242-9 C0095

「ずっと心に不安を抱えている人は、必ず“あまやかされた”子ども時代を送ってきている」
本書は数少ないアドラー原書の翻訳である。

人生にとっていちばん
大切なこと

生きる意味

生きる意味

人生にとっていちばん大切なこと

Der Sinn des Lebens

アルフレッド・アドラー

Alfred Adler

長谷川早苗 訳

アドラーの名著。

アドラー本人の原著を読む。

名著『Der Sinn des Lebens』邦訳。

甘やかされた子どもは、どうなるのか？

もう一度、生きる勇気を取り戻すために。

興陽館

アルフレッド・アドラー

長谷川早苗＝訳

本体 1,700円+税

ISBN978-4-87723-232-0 C0095

アドラーの代表作、『Der Sinn des Lebens』の邦訳。

生きる意味を知ることがどれだけ重要か。

アドラーは細かく明確な分析を行って、両者の関係に迫る。

興陽館の本

書名	著者	内容	価格
秒で見抜くスナップジャッジメント	メンタリストDaiGo	「外見」「会話」「持ちもの」を視れば、相手の頭の中がすべてわかる！ 人間関係、仕事、恋愛、人生が変わる！	1,400円
これからを生きるための無敵のお金の話	ひろゆき（西村博之）	「お金の不安」が消える！ 2ちゃんねる、ニコニコ動画他の西村博之がおくるお金とのつきあい方の極意。	1,300円
おしゃれの手引き115	中原淳一	おしゃれで美しく暮らす方法を指南する、昭和を代表するイラストレーター中原淳一のメッセージ集。	1,300円
退職金がでない人の老後のお金の話	横山光昭	貯金ゼロ、年金しょぼしょぼ、退職金なしでも大丈夫！ 絶望老後を迎える〝あなた〟の不安を解消します！	1,200円
魯山人の和食力	北大路魯山人	伝説の天才料理家が伝授する超かんたん、極上レシピ集！ 誰も知らない和食の秘密、美味しさの神髄とは？	1,000円
眼科医が選んだ目がよくなる写真30	本部千博	クイズ形式の写真を見て目力のトレーニング！ 簡単に、楽しく、「見る」力がつきます！	1,200円
孤独がきみを強くする	岡本太郎	孤独は寂しさじゃない。孤独こそ人間が強烈に生きるバネだ。たったひとりのきみに贈る岡本太郎の生き方。	1,000円
群れるな	寺山修司	「ふりむくな、ふりむくな、後ろに夢はない。」生を見つめる「言葉の錬金術師」寺山のベストメッセージ集！	1,000円
60（カンレキ）すぎたら本気で筋トレ！	船瀬俊介	筋肉力は、生命力だ！「筋肉」が強いヤツほど、若々しい。70歳で細マッチョが伝授する筋力トレーニング。	1,300円
【普及版】年をとってもちぢまないまがらない	船瀬俊介	「背ちぢみ」「腰まがり」「脊柱管狭窄症」も筋トレで治る！「骨力」は「筋力」！ 筋肉を鍛えろ！ 背筋を伸ばせ！	1,100円

表示価格はすべて本体価格（税別）です。本体価格は変更することがあります。